+ 职业教育电子商务专业创新教材

+ **WANGDIAN** MEIGONG

网店美工

主　编　代　强
副主编　黎　霓

重庆大学出版社

内容提要

本书以行业对中等职业学校学生从事网店美工工作所需要的能力为标准，由浅入深、循序渐进地介绍了网店美工的基础知识、常见商品拍摄的技巧、网店商品色彩的应用、处理网店照片的技巧，以及店铺店招、宝贝分类、店铺公告、商品详情页的排版，特别是综合案例讲述了各类网店的装修。书中知识内容均以能从事该项工作的能力要求为准，每一项技能都尽量做到必要的分析与讲解，让学生参与教学活动，使学生能在较短时间内掌握网店美工的相关知识及技能。本教程的每个模块后都有评估和鉴定的材料，方便学生自评所学的知识及技能。

本书可作为中等职业学校电子商务专业网店美工课程教材，也可作为中等职业学校计算机及相关专业网页设计课程的教材，同时可供广大网店美工爱好者阅读。

图书在版编目（CIP）数据

网店美工 / 代强主编. — 重庆：重庆大学出版社，2018.4

职业教育电子商务专业创新教材

ISBN 978-7-5689-0368-4

Ⅰ.①网… Ⅱ.①代 Ⅲ.①电子商务—网站—设计—中等专业学校—教材 Ⅳ.①F713.36②TP393.092

中国版本图书馆CIP数据核字（2016）第324824号

职业教育电子商务专业创新教材

网店美工

主 编 代 强

副主编 黎 霓

责任编辑：杨 漫 版式设计：尹 恒

责任校对：关德强 责任印制：赵 晟

*

重庆大学出版社出版发行

出版人：易树平

社址：重庆市沙坪坝区大学城西路21号

邮编：401331

电话：（023）88617190 88617185（中小学）

传真：（023）88617186 88617166

网址：http://www.cqup.com.cn

邮箱：fxk@cqup.com.cn（营销中心）

全国新华书店经销

重庆升光电力印务有限公司印刷

*

开本：787mm × 1092mm 1/16 印张：8.75 字数：186千

2018年4月第1版 2018年4月第1次印刷

ISBN 978-7-5689-0368-4 定价：39.00元

WANGDIAN MEIGONG

QIANYAN

前言

网络使企业的营销方式发生了改变，企业需要有自己的网络营销平台。为了在网络营销平台上很好地展示企业的产品、优势，平台的设计必不可少。由此，需要大量从事网络平台美工的应用型人才。要创作出令人满意的作品，只掌握了淘宝网网站平台制作技术是远远不够的，还必须具备基本的美术知识、审美常识和摄影技术；否则，我们的网店设计会显得不协调、不美观，不能给人以美的享受，也难以吸引消费者的眼球。因此，网店美工成了中等职业学校电子商务专业学生的一门必修课。

本书根据中职电子商务专业网店美工的课程标准，并结合当前企业所需网店美工的能力要求而编写，在编写上具有以下特点：

1. 按企业装修网店的基本工作流程来确定本书内容，注重实用、够用的原则。通过对本书的学习，可使学生了解一个网店的美工基本要求、过程和实施技术。

2. 语言通俗易懂，并配有大量的操作视频，帮助学生掌握网店中照片处理的技巧、网店各个区域的设计原则和技巧。

3. 以学生为中心，注重学生能力的培养与开发。教师可以根据教材所提供的主线，让学生在活动中去学习知识，从而达到轻松学习的效果。

本书项目一、二、三、四由重庆市龙门浩职业中学校的代强老师编写，其余内容由重庆市龙门浩职业中学校的黎霓老师编写，全书由代强老师统稿。在编写的过程中，我们得到了中国—澳大利亚职业教育与培训项目办公室的专家们以及从事该项目的多名专家的指导与帮助，同时也得到了电子商务系列教材的两位总主编邵兵家和张小毅以及重庆大学出版社王勇和杨漫编辑的指导与帮助，在此一并表示感谢。对于书中存在的错漏、不足以及疑问之处，恳请使用该教材的教师和读者、网店美工方面的专家批评指正。

联系方式：28996064@qq.com。

编　者

2017年11月

WANGDIAN MEIGONG

MULU

目录

项目一 走进网店装修

【项目概述】

通常，去商场买东西，买家可以通过观看、品尝、触摸等方式去感知商品。但在网上购买商品，买家只能通过眼睛去看商品的图片、文字或视频，从而判断该商品是否满足自己的需要。所以，网店美工装修对能否让我们的店铺在众多店铺中吸引住买家的眼球，营造良好的购物环境，塑造店铺形象和品牌，充分反映商品的质量就显得特别重要了。小明刚从某职校电子商务专业毕业，他准备创建一个网店，于是组建了自己的团队，开始了创业。

【学习目标】

+ 认识什么是网店装修
+ 掌握网店装修的注意事项
+ 认识什么是网店美工
+ 了解网店美工人员所具备的要求
+ 具有良好的团队合作能力

[任务一]

NO.1

认识网店装修

◆ 任务描述

网店装修对网店的宣传和商品的推广起着重要作用。什么是网店装修？在进行网店装修前我们应该掌握哪些基本知识？在装修过程中应注意哪些问题？通过本任务的学习你就会明白。

活动1　认识什么是网店装修

网店与实体店一样也需要装修。网店装修就是在淘宝、易趣、拍拍等网店平台允许的结构范围内，通过文字、图片、视频、程序模板等让店铺页面更加美观，更能充分反映商品的优势。因为我们的客户只能通过网店页面上的文字和图片来了解商品，所以好的网店装修能增加客户的信任感，能激发客户的购买欲望，甚至还能对店铺品牌的树立起到关键作用。

【扫一扫】请同学们扫描下面的二维码，阅读了解网店装修的意义。

活动2　认识网店装修的重要性

如图1-1所示是未经过装修的网店，如图1-2所示是经过装修的网店。

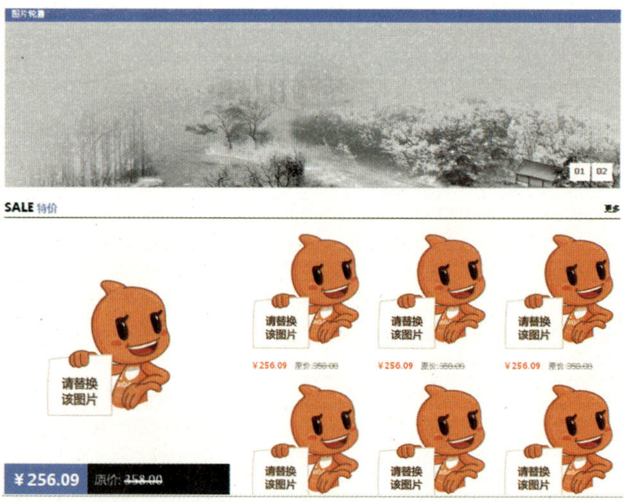

图 1-1　未经过装修的网店

图 1-2　经过装修的网店

比较以上两个网店，网店装修的重要性是不言而喻的。各个网店销售的商品不同，如何装修也是见仁见智的事情。但在其他因素一样的情况下，个性而又和所售商品风格搭配的店面装修才是好的网店装修。

很明显，视觉营销对于网店的销售起着重要作用。在网上买东西，由于看不到实物，只能靠色彩、图片和文字来传达信息，所以在网上开店，装修显得比实体店更重要！

活动3　了解网店装修中需要注意的问题

很多网店卖家都希望通过美观的装修提升商品的视觉效果，进而促使消费者购买商品，赢得利润。但有些装修理念不适合实际的装修，复杂的装修不一定能突出网店的主题和很好地传递商品的信息，反而影响了其店铺体验效果。那么在装修网店时，需要注意哪些问题呢？

1.店招设计要突出重点

店招设计的主要目的是突出网店主题，让客户清楚地知道你是卖什么的，包括风格、品牌文化等内容。在颜色方面一定要保持整洁性，最好不要超过3种颜色，如图1-3所示。

2.推荐商品要信息完整

推荐的商品是商家要重点推销的商品，信息介绍一定要完整。可以采用淘宝系统自带的推荐模块，这样价格、销量、星级等一目了然，给买家一个很好的引导，如图1-4所示。

图 1-3　店招实例图

图 1-4　推荐商品

3.图片不能过多过大

在有些店铺的首页中，店标、公告及栏目分类等全都使用图片来呈现，而且这些图片都非常大。虽然图片呈现很直观，但图片过多会使界面显得繁乱，影响了店铺的美观，同时会使买家浏览的速度变得非常慢，店铺的栏目无法显示，或者是不能看到重要的公告。所以图片不能过多过大。

4.动画不能过多

有的网店店主将店铺布置得像动画片一样闪闪发光，店标、公告、宝贝分类，甚至宝贝的图片、浮动图片都在闪，都在动。动画固然可以吸引人的视线，但是使用过多的动画会占用大量的宽带空间，使网页下载速度变慢，而且使用动画过多，突出不了重点，浏览者看起来会很累。

5.宝贝名字不能过长

将宝贝名字、分类名字取得很长，这样做的好处是被搜索到关键词的可能性增大，但太长的宝贝名字将无法在列表中完整显示。有的店主为了能引起买家的注意，在名字中加上一长串其他符号，但真正的买家是不会过于关心这些的。宝贝的名字能体现出该商品的特性就可以了。

6.色彩搭配要协调

有些卖家把店铺的色彩弄得鲜艳华丽，把界面做得五彩缤纷，认为这样可以吸引买家的眼球。其实色彩的运用原则是“总体协调，局部对比”。也就是说网店页面的整体色彩效果应该是和谐的，只在局部的、小范围的地方有一些强烈的色彩对比来突出重点。在色彩的运用上，可以根据网店类型确定页面的主色调。店铺的产品风格、图片的基本色调、公告的字体颜色最好与店铺的整体风格相一致，这样整体效果才和谐统一，不会让人感觉很乱。

做一做

请同学们以三个人为一个小组，阅读以上内容，讨论网店装修需要注意的问题，培养团队合作能力。

想一想

同学们，回忆一下本任务中我们学习了哪些知识，可在小组内交流总结，然后把总结出的知识点写在下面的横线上。

[任务二]　NO.2

认识网店美工

◆ 任务描述

随着网购越来越普及，网店店主也认识到网店装修的重要性，网店装修成为每个网店必做的工作，于是产生了一种新型的职业——网店美工。小明网店也需要网店美工人员进行装修。通过本任务的学习，你将了解到作为网店美工人员应该具备的专业技能。

活动1　了解什么是网店美工

网店美工是网店页面的美化工作者的统称。当我们在浏览网店时，首先映入眼帘的是页面的整体设计，如内容的摆放、导航的位置、文字的组合、图片动画的形式、色彩的搭配等。这一切都是网店设计的范畴，属于网店美工的工作范围。

【扫一扫】请同学们扫描下面的二维码，了解“网店美工的工作内容”。

活动2　了解网店美工所必备的技能

页面设计是否大方、布局是否合理、色彩搭配是否美观等决定着客户是否会在网店上多停留一些时间，从而产生购买欲望，网店美工的重要性不言而喻。要成为一名合格的网店美工，必须具备以下基本素质：

①对网店页面如何设计、商品照片如何拍摄、文字如何描述，事先必须进行整体规划。在进行店铺装修之前，我们必须考虑店铺风格，从商品拍摄开始就必须有全面的规划。

②会使用Photoshop等软件对照片进行美化处理。

③会用Dreamweaver设计好“图文并茂”的宝贝描述页面。

④精通HTML与XML，熟练使用Flash。

【扫一扫】请同学们扫描下面的二维码，了解“网店美工所必须具备的任职条件”。

做一做

请列举网店美工所必备的技能。

想一想

同学们，回忆一下本任务中我们学习了哪些知识，可在小组内交流总结，然后把总结出的知识点写在下面的横线上。

____

____

◆ 项目小结

通过本项目的学习我们了解到为什么要进行网店装修，以及做一个网店美工应具备的知识和技能，了解到网店装修时需要注意的问题，这为小明在开网店的道路上指明了前进的方向。

◆ 项目检测

一、填空题

1.网店装修需要注意的问题有________、________、________、________、________和________等。

2.网店装修，是指____。

3.网店美工，是指____。

4.网店美工必须具备的技能有________________________________。

二、实作题

综合运用所学的模板制作知识，以“服装”为主题设计一个介绍服装的网店模板。

◆ 项目评价

评价内容	评价情况		
	了解	基本了解	不了解
什么是网店装修			
什么是网店美工			
网店装修中需要注意的问题			
网店美工所必需的技能			

项目二
美术设计基础

【项目概述】

网店装修是否成功，色彩是关键，网店的背景、文字、图标、边框、超链接等部分的颜色合理搭配，才能突出网店的内涵，更好地展示网店的商品。但如何才能做到色彩合理搭配却是让小明感到头疼的问题。本项目将介绍色彩的基本知识。

【学习目标】

+ 理解色彩的基础知识
+ 掌握运用配色方案分析网店
+ 掌握网店色彩配色搭配方法
+ 会运用色彩中的色调知识设计网店
+ 培养正确的审美观

[任务一] NO.1

认识色彩属性

◆ 任务描述

要理解和运用色彩，必须了解色彩的属性，通过本任务的学习，你将对色彩的属性有一定的了解。

活动1　认识三原色

三原色，即红色、黄色、蓝色，是用其他颜色不能调配出来的色彩，但能混合成其他颜色，也称“第一次色”。其特点是：所有颜色中纯色最高，即最为纯净、鲜艳；三原色相混合是纯度最低的黑灰色，如图2-1所示。

图 2-1　三原色

【扫一扫】请同学们扫描二维码，了解三原色分类的相关知识。

活动2　认识间色、复色与补色

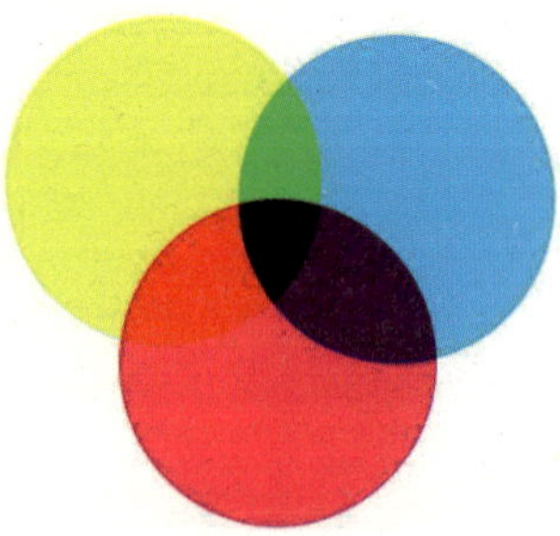

图 2-2　间色、复色

间色，也称“第二次色”，由三原色等量调配而成的颜色（绿、紫、橙），如图2-2所示。

复色，又称“第三次色”，它是由三原色调配而成，也可以由两种或两种以上的间色调配而成。

补色，又称互补色。三原色中的一色与其他两原色相混合成的间色互为互补关系，如红色—绿色（黄+蓝=绿）、黄色—紫色（红+蓝=紫）、蓝色—橙色（红+黄=橙），如图2-3所示。

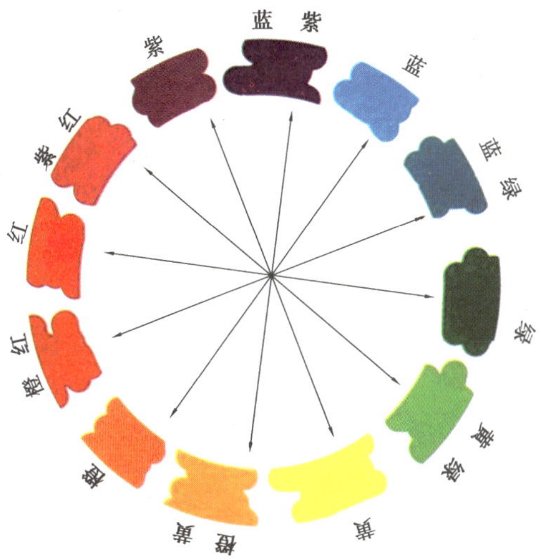

图 2-3　补色

知识链接

网页标记语言HTML中的色彩表达就是用红、绿、蓝3种颜色的数值表示。例如，红色(255，0，0)的十六进制的表示方法为(FF0000)，蓝色的十六进制的表示方法为(0000FF)。我们经常看到的网店的背景代码bgColor="#FFFFFF"就是指背景色为白色。

颜色分非彩色和彩色两类，非彩色是指黑、白、灰系统色；彩色是指除了非彩色以外的所有色彩。任何色彩都有饱和度和透明度的属性，属性的变化产生不同的色相，所以至少可以制作几百万种色彩。

ZHISHILIANJIE

活动3　认识色相、明度和纯度

色相即颜色的相貌，是一种颜色区别于另一种颜色的表面特征。熟悉色相就能让我们认识和调和色彩，色相是色彩中最重要、最根本的要素，如图2-4所示。

图 2-4　12 色相环

我们可以通过调整图像的色相值，改变包的颜色，如图2-5所示。

(a) 修改色相前　　(b) 修改色相后

图 2-5　调整图像色相

明度即颜色的明暗、深浅程度。它有两种含义：颜色本身的明暗程度；同一色相受光后产生的明暗程度，即明度色阶，如图2-6所示。

我们可以通过调整图像的明度值，改变图像的明亮程度，如图2-7所示。

图 2-6　明度色阶

(a) 调整明度前　　(b) 调整明度后

图 2-7　调整图像明度

纯度即颜色本身的纯净程度，也称饱和度。刚从锡管里挤出来的颜色都是纯度较高的，经过不同色相的颜色调和后，色相减弱，纯度降低。一种色彩加白、加黑后也会出现同样的现象，如图2-8所示。

我们可以通过调整图像的明度值，改变图像的颜色深浅，如图2-9所示。

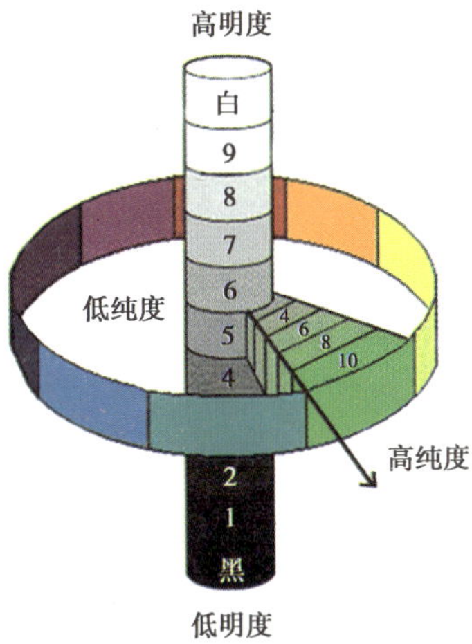

图 2-8　纯度轴

(a) 调整饱和度前　　(b) 调整饱和度后

图 2-9　调整图像饱和度

活动4　色彩在计算机中的表现模式

计算机中存储的图像的色彩有许多种模式，大多数计算机图像处理软件都支持的色彩模式有RGB颜色模式、CMYK颜色模式、HSB颜色模式、Lab颜色模式等，如图2-10所示。

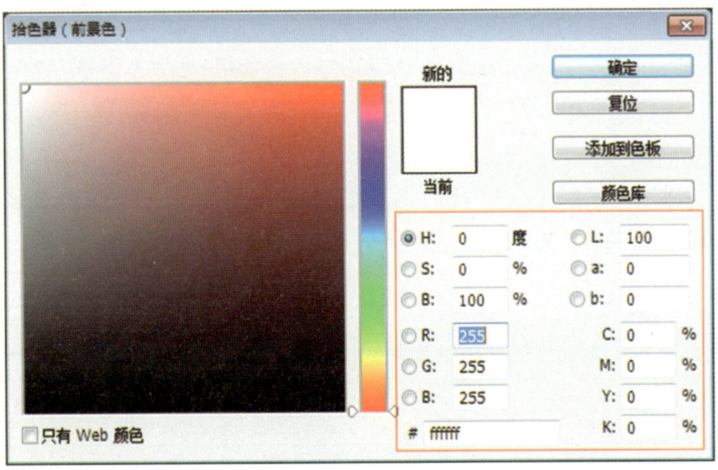

图 2-10　色彩模式

1.RGB颜色模式

RGB颜色模式（也称色光三原色）是一种加色模式,通过对红(R),绿(G),蓝(B)3个颜色通道的变化以及它们相互之间的叠加来得到各式各样的颜色。两两混合可以得到更亮的中间色：yellow黄、magenta品红（或者叫洋红、紫）、cyan青，三种等量组合可以得到白色。这种颜色模式主要用于计算机屏幕显示。

2.CMYK颜色模式

C（Cyan）代表青色，M（Msgenta）代表品红色，Y（Yellow）代表黄色，K（Black）代表黑色。CMYK颜色模式是当阳光照射到一个物体上时，这个物体将吸收一部分光线并将剩下的光线进行反射，反射的光线就是我们所看见的物体颜色。这是一种减色色彩模式，与RGB模式根本不同。不但我们看物体的颜色用到这种减色模式，在纸上印刷也用到这种减色模式。

3.HSB颜色模式

从心理学的角度来看，颜色有3个要素：色泽（Hue）、饱和度（Saturation）和亮度（Brightness）。HSB颜色模式是基于人对颜色的心理感受的一种颜色模式。它是由RGB三基色转换为Lab模式，再在Lab模式的基础上考虑了人对颜色的心理感受这一因素而转换成的。因此这种颜色模式比较符合人的视觉感受，让人觉得更加直观一些。

4.Lab颜色模式

Lab颜色模式的颜色设计与设备无关，不管是什么设备（如打印机、扫描仪或显示器）创建或输出图像，这种颜色模式产生的颜色都保持一致。

【扫一扫】请同学们扫描下面的二维码，阅读“电脑美术设计中的色彩模式详解”。

想一想

同学们，回忆一下本任务中我们学习了哪些知识，可在小组内交流总结，然后把总结出的知识点写在下面的横线上。

［任务二］

NO.2

认识色彩的心理与情感

◆ 任务描述

根据心理学的研究，人的年龄和性别不同，对色彩的感受和喜好也会不同，不同时代的“流行色”也会影响人的色彩心理。另外，色彩的象征性也会给人们带来某种特别的心理效应。总之，色彩是一种综合的、整体的心理反映。

活动　认识色彩的心理与情感

色彩千变万化，不同的颜色会给浏览者不同的心理感受。

1.红色系

红色是一种激愤的色彩，刺激效果强，能使人产生冲动、活力、热情、愤怒的感觉，红色一直都是喜庆和幸福的代表颜色，如图2-11所示。

图 2-11　红色系

2.橙色系

橙色是介于红色和黄色之间的混合色，又称橘黄或橘色，它具有明亮、华丽、健康、兴奋、温暖、欢乐、辉煌，以及容易动人的色感，使人联想到金色的秋天、丰硕的果实，是一种富足、快乐而幸福的颜色，如图2-12所示。

3.黄色系

黄色具有快乐、希望、智慧和轻快的个性，它的明度高，常用金碧辉煌来形容黄色。它是亮度最高的颜色，灿烂、辉煌，有着太阳般的光芒，给人以光明、活泼、轻快的感觉。因此，黄色又被赋予另一种意义：照亮黑暗的希望之光，它还象征着财富和权力，如图2-13所示。

图 2-12　橙色系

图 2-13　黄色系

4.绿色系

绿色给人清新、平和之感，人们用它来表现生长、生命、安全等信息。它是一种柔顺、恬静、满足、优美的颜色。偏向自然美，宁静、生机勃勃，宽容色彩，可衬托多种颜色而达到和谐。鲜艳的绿色非常美丽、优雅，特别是用现代化学技术创造的最纯的绿色，是很漂亮的颜色。绿色很宽容、大度，无论蓝色还是黄色渗入，仍旧十分美丽，如图2-14所示。

图 2-14　绿色系

5.蓝色系

蓝色调给人冷静、宽广、永恒、遥远、幽静、清爽、忧伤之感。纯净的蓝色表现出一种美丽、文静、理智、安祥与洁净，常用它来表现未来、高科技、思维等信息。由于蓝色沉稳的特性，具有理智、准确的意象，在商业设计中，强调科技、效率的商品或企业形象，大多选用蓝色作为标准色、企业色，如计算机、汽车、影印机、摄影器材等，如图2-15所示。

图 2-15　蓝色系

6.紫色系

紫色给人幽雅、高贵之感，人们用它来表现悠久、深奥、理智、高贵、冷漠等信息。波长最短的可见光是紫色波。紫色的明度在有彩色的色料中是最低的。紫色的低明度给人一种沉闷、神秘的感觉。由于具有强烈的女性化性格，在商业设计用色中，紫色也受到相当的限制，除了和女性有关的商品或企业形象之外，其他类的设计很少采用紫色为主色，如图2-16所示。

图 2-16　紫色系

7.黑、白、灰色系

黑色具有高贵、稳重、科技的意象，许多科技产品的用色，如电视、跑车、摄影机、音响、仪器的色彩，大多采用黑色。白色的色感光明，性格朴实、纯洁、快乐。白色具有圣洁的不容侵犯性。灰色具有柔和、高雅的意象，而且属于中间性格，男女皆能接受，所以灰色是永远的流行色，如图2-17所示。

图 2-17　黑、白、灰系

做一做

说说以下网店色彩代表的含义。

红色	
橙色	
黄色	
绿色	
蓝色	
紫色	
黑、白、灰	

想一想

同学们，回忆一下本任务中我们学习了哪些知识，可在小组内交流总结，然后把总结出的知识点写在下面的横线上。

[任务三]

NO.3

掌握网店色彩搭配技巧

◆ 任务描述

开网店，需要给顾客一个好的视觉效果来吸引顾客的眼球。在网店装修中，色彩的搭配对于整个视觉效果来说是至关重要的。通过本任务你将学习到在网店装修中如何进行色彩搭配。

活动1 以对比为主搭配色彩

1.明度对比

明度对比是因明度差别而形成的色彩对比，使画面产生很强的立体感和空间层次感。

配色差在3个阶段以内的组合称为短调，是明度弱对比；配色差在5个阶段以上的组合称为长调，是明度强对比，如图2-18所示。

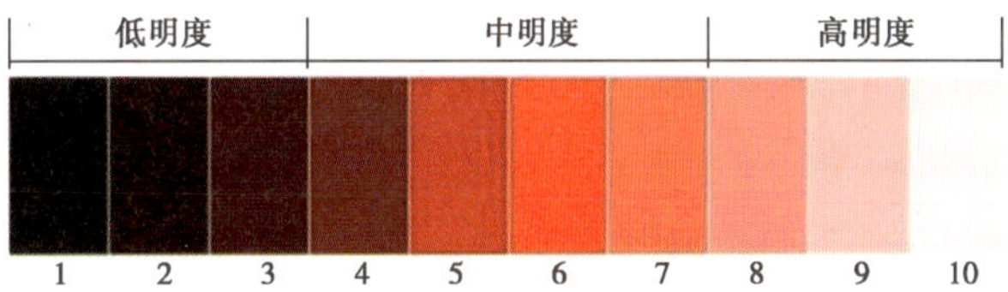

图 2-18 明度对比

以低明度色彩为主（低明度色彩在画面面积占70%及以上）时构成低明度基调，它包括低长调、低中调、低短调。以中明度色彩为主构成中明度基调，包括中长调、中中调、中短调。以高明度色彩为主构成高明度基调，包括高长调、高中调、高短调。如图2-19所示，由上到下，每一横列代表高、中、低3种明度基调；从左到右，每一纵列代表弱、中、强对比。

图 2-19　高、中、低明度基调

阅读有益

高、中、低长调，明度对比强，给人光感强、体感强、形象突出的感觉。高、中、低短调，明度对比弱，给人光感弱、体感弱、模糊、形象不清晰的感觉。在配色时，应根据内容需要，分析以上基调，选择不同的配色方式，才能取得好的效果。

YUEDUYOUYI

2.纯度对比

纯度对比是因纯度差别而形成的色彩对比。由于纯度对比的视觉作用低于明度对比的视觉作用，所以以12个纯度阶段划分，相差8个阶段以上为纯度的强对比；相差5个阶段以上、8个阶段以下为纯度的中等对比；相差4个阶段以内为纯度的弱对比，如图2-20所示。

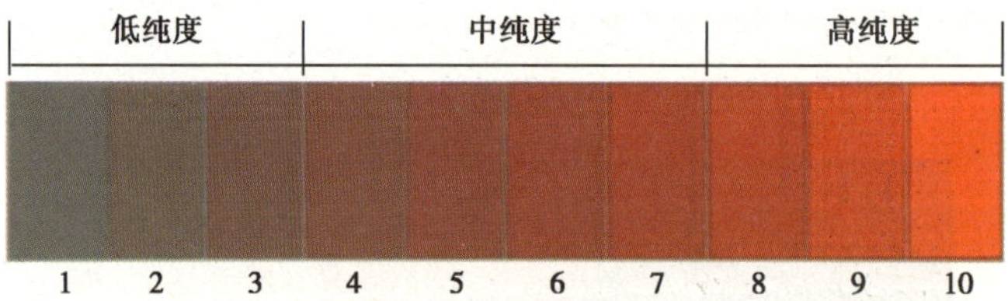

图 2-20　纯度对比

高纯度色彩在画面面积占70%及以上，构成鲜调，包括鲜强对比、鲜中对比、鲜弱对比色调。中纯度色彩在画面面积占70%及以上，构成中调，包括中强对比、中中对比、中弱对比。低纯度色彩在画面面积占70%及以上，构成灰调，包括灰强对比、灰中对比、灰弱对比。如图2-21所示，由上到下，每一横列代表鲜艳、中等、灰3种纯度基调；从左到右，每一纵列代表强、中、弱对比。

图 2-21　强、中、弱纯度基调

阅读有益

在运用时，应根据配色内容的需要，选择不同的纯度配色法。总之，纯度对比越强，鲜色一方的色相感越鲜明，从而增强了配色的注目性。纯度对比不足时，易产生配色模糊不清的效果，如灰弱对比、中弱对比；或产生俗气、刺目的效果，如鲜强对比。

YUEDUYOUYI

3.色相对比

色相对比是因色相之间的差别形成的色彩对比，如图2-22所示。

图 2-22　色相对比

【扫一扫】请同学们扫描二维码，阅读“色彩设计方法”。

4.冷暖对比

冷暖对比是因色彩感觉的冷暖差别而形成的色彩对比。动态小、波长短的色彩称为冷色，给人以寒冷、清爽、空间等感觉，如蓝、蓝绿、蓝紫；动态大，波长长的色彩称为暖色，给人以炽热、温暖、喜庆等感觉，如红、橙、黄，如图2-23所示。

图 2-23　冷暖对比

做一做

构图不变，分别做冷、暖色为主的色调练习图各1张。

活动2　了解配色的技巧

1.使用一种色彩作为网店主色

这里是指先选定一种色彩，在这个颜色的基础上，再调整透明度、饱和度或者亮度，产生新的色彩用于网店页面。这样的页面看起来色彩统一，有层次感。例如，我们的主色调是红色，在页面中配出深浅不一的红色，如图2-24所示。

图 2-24　红色网店模板

【扫一扫】扫描下面的二维码，了解怎样配出深浅不一的颜色。

做一做

请同学们写出用Photoshop配出深浅不一颜色的方法。

____

____

____

____

2.调整色彩亮度的对比色

任何一个页面如果没有对比色，这个页面看起来就会很单调，而且没有重点。你想要哪个部分更突出，就要让哪个部分的对比更鲜明。一般情况下，我们通过取亮度值的黄金分割点来进行调整。亮度值的范围是0~240，黄金分割点的比例值是0.618，那么亮度值的黄金分割点就是240×0.618=148，亮度值设置请看下表。

背景亮度值	对比亮度值	色相和饱和度
0~92	加148，即148~240	任意调节
93~147	不建议使用93~147的颜色作为大面积的背景色	
148~240	减148，即0~92	任意调节

【扫一扫】请同学们扫描下面的二维码，了解怎样调整亮度的对比色，然后归纳总结。

做一做

说说用Photoshop调整亮度的对比色的步骤。

3.使用同一个色系进行配色

简单地说，就是用同一种感觉的色彩（暖色系、冷色系、中性色）进行配色，如淡蓝色、淡紫色、淡绿色；或者土黄色、土橙色、土红色，如图2-25所示。

图 2-25　同一色系

阅读有益

一个网店要招揽更多的顾客，除了商品要有强大的吸引力外，装修风格也很重要。俗话说："人靠衣妆，马靠鞍"，一个好的装修风格，不但能瞬间吸引顾客，给他们一个好印象，而且还能让顾客们感受到店铺的品牌文化、形象和风格。那么，如何把握好店铺的整体风格非常关键，这里给出以下一些经验。

（1）做到统一的外观，界面友好，易使用。统一的外观指的是我们每个页面外观是一样的，如整个店铺只有一个店招、导航菜单、主体风格统一等；界面友好是指我们的配色不要让浏览者看久了就觉得很累；易使用是指我们的分类一定要方便买家找到他最想要的东西。

（2）突出店铺的标准色彩。标准色彩代表公司的企业文化、产品的特色等，所以在选择标准上一定要慎重，而且主色调不能超过3种。

（3）店铺标志Logo尽可能地放在每个页面上最突出的位置，一般是页面的左上角。

（4）相同类型的图像采用相同效果。比如导航菜单的效果要统一、同一种商品分类的图片效果统一等，这样无形中在暗示浏览者，这是同一类型的产品。

请欣赏图2-26所示的店铺的装修风格，首先这个店铺的主色为黑灰色，导航菜单效果统一，界面简洁大方。

图 2-26　店铺首页

其次这个店铺的店招突出该店铺的品牌及定位，并在其中放置收藏标志和店铺优惠券，做品牌宣传，这有利于店铺的潜在转化，如图2-27所示。

图 2-27　店招

最后海报使用了生动漂亮的大图，这代表了店铺的形象和风格，在内容上能体现品牌文化，以吸引买家，如图2-28所示。

图 2-28　海报

【扫一扫】请同学们扫描下面的二维码，了解如何进行网店色彩搭配。

做一做

请同学们观察图2-29，将发现的问题写下来。

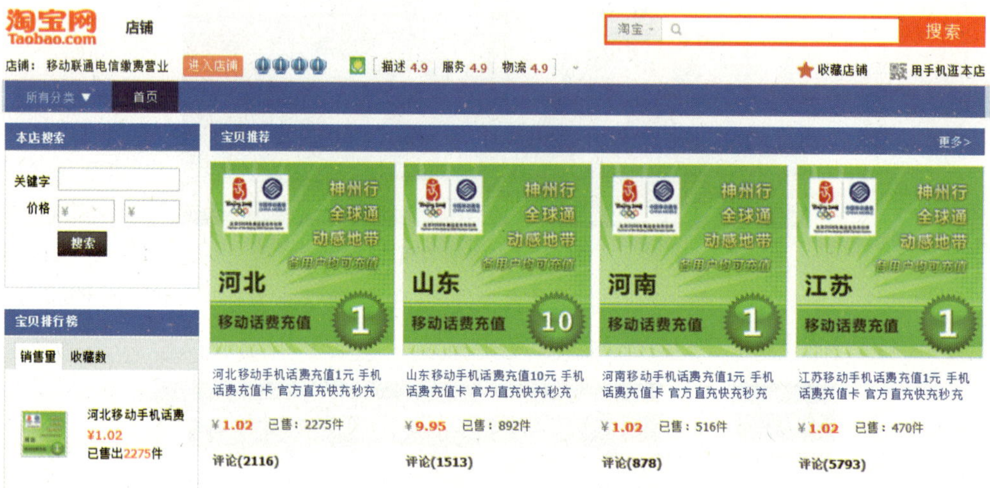

图 2-29　有问题的店铺设计

存在的问题：____

____

想一想

同学们，回忆一下本任务中我们学习了哪些知识，可在小组内交流总结，然后把总结出的知识点写在下面的横线上。

____

____

◆ 项目小结

通过本项目的学习，我们了解到在搭配网店色彩时常会用到间隔色搭配、邻近色搭配、互补色搭配,合理地使用这些色彩搭配方式,能装修出符合网店定位、有利商品推销、有设计特色的网店来。

◆ 项目检测

一、填空题

1.三原色有_______、_______和_______。

2.补色是指____。

3.色相是指____。

4.明度是指____。

5.纯度是指____。

二、选择题

1.三原色理论中的三原色是指哪三种颜色?(　　)

A.红绿蓝　　B.蓝绿红　　C.蓝白绿　　D.红蓝黄

2.彩色是指在视觉中有(　　)的颜色。

A.明度　　B.色相　　C.饱和度　　D.明度与饱和度

3.间色也称(　　)。

A.第一次色　　B.第二次色　　C.第三次色　　D.第四次色

4.三原色是可混合生成所有其他色的三基色。其中加色混合色为(　　)。

A.红、黄、蓝　　B.黄、品红、蓝　　C.红、绿、蓝　　D.黄、品红、青

5.补色是加色混合后成(　　)的两个互补色光。

A.黑色或灰色　　B.白色或灰色　　C.黑色　　D.白色

6.下列颜色不构成互补色的是(　　)。

A.品红和绿　　B.品红和黄　　C.青和红　　D.黄和蓝

7.在色料减色法中,下列(　　)的减色规律是对的。

A.GCB　　B.YBC　　C.YGC　　D.RYG

8.CMYK表色法是减色表色模式,遵循色料混合规律。C、M、Y、K表示印刷中的(　　)4种原色。

A.红、绿、蓝、黄　　B.青、品红、黄、黑　　C.中黄、桃红、天蓝、黑

9.CMYK颜色空间的色域要(　　)RGB颜色空间。

A.大于　　B.等于　　C.小于　　D.超过

10.色彩在计算机中的表现模式不包括(　　)。

A.RGB颜色模式　　B. 暖色

C.CMYK颜色模式　　D. HSB颜色模式

三、简答题

1.色彩的情感特征有哪些?

2.明亮的暖色调(红、黄色)给人传达出的情感是什么?

3.灰暗的冷色调(灰蓝色、紫黑色)给人传达的情感是什么?

◆ 项目评价

评价内容	评价情况		
	理解	基本理解	不理解
什么是三原色			
什么是色光三原色			
什么是补色			
网店色彩的心理感觉			
什么是色相			
什么是明度			
什么是纯度			
什么是复色			
色彩的搭配			

项目三
拍摄商品

【项目概述】

随着互联网的发展，人们在网络世界里从事着各项商业活动。商家用图片来进行说明，展示商品的属性、功用、效果等，让消费者了解商品并最终作出购买的决定。因此，商品拍摄是网店日常工作中不可缺少的内容，也是在销售过程中起着决定性作用的重要环节。

【学习目标】

+ 认识摄影器材
+ 理解摄影的基础知识
+ 掌握相机的使用方法
+ 学会对不同材质表面的商品进行拍摄
+ 培养良好的沟通能力

[任务一]

NO.1

认识摄影器材

◆ 任务描述

俗话说，工欲善其事，必先利其器。我们拍摄出精美实物图的前提是需要一定的硬件条件，包括相机、三脚架、灯光和摄影环境等。在这四个拍摄利器中，相机是至关重要的，首先介绍相机的选择。

活动1　认识数码相机

可以说数码相机的好坏直接决定了拍摄质量的好坏。数码相机分为以下3种：便携式相机、准专业级数码相机和数码单反相机。

1.便携式相机

便携式相机的特点是机身小巧、时尚、操作简单，只需按下快门随时随地可以拍摄，即使没有接触过数码相机的人也可以轻松上手。但是它不具备手动调节功能，缺乏在多种环境下的拍摄能力，在拍摄商品图片时需要持续自然光线或高强度灯光支持。便携式相机一般适用于拍摄要求精度不高的商品，或有很好的自然光，或在高纯度灯光支持的环境下，如图3-1所示。

2.准专业级数码相机

准专业级数码相机的外形接近于数码单反相机，在像素数及成像方面与单反机非常接近，如图3-2所示。它们的镜头具有较大的变焦倍数，变焦倍率多在5~15倍。其缺点就在于不能随意更换镜头。

图 3-1　便携式相机

图 3-2　准专业级数码相机

3.数码单反相机

数码单反相机可以根据不同的拍摄环境更换不同的镜头，可以得到高画质的照片，如图3-3所示。这种相机适应在任何环境下的拍摄。但单反相机的价格相对较高，新手在拿到单反相机后需要一定的学习期才能掌握拍摄技术。

图 3-3　数码单反相机

【扫一扫】请同学们扫描下面的二维码，了解数码相机的优缺点。

做一做

写出各类相机的优缺点。

相机种类	优　点	缺　点

阅读有益

扫描下面的二维码，了解几款用于商品拍摄的数码相机。购买相机时应遵循以下几点：

①像素大小不是首选；

②尽量具备手动功能；

③有较强的微距功能；

④有自定义白平衡功能；

⑤有曝光补偿功能。

YUEDUYOUYI

做一做

下面两张照片，你能分辨它们各自是用什么相机拍摄的吗?

活动2 了解单反相机

1.数码单反相机的工作原理

数码单反相机（Digital Single Lens Reflex Camera，DSLR），简称单反，是一种以数码方式记录成像的照相机。它的工作原理为在DSLR拍摄时，当按下快门按钮，反光镜便会往上弹起，感光元件（CCD或CMOS）前面的快门幕帘便同时打开，通过镜头的光线便投影到感光原件上感光，然后反光镜立即恢复原状，观景窗中可以再次看到影像。单镜头反光相机的这种构造，确定了它是完全透过镜头对焦拍摄的，它能使观景窗中所看到的影像和胶片上一模一样，它的取景范围和实际拍摄范围基本上一致，十分有利于直观地取景构图。

在单反系统中，反光镜和棱镜的独到设计使得摄影者可以从取景器中直接观察到通过镜头的影像。单镜头反光照相机的构造图中可以看到，光线透过镜头到达反光镜后，折射到上面的对焦屏并结成影像，透过接目镜和五棱镜，我们可以在观景窗中看到外面的景物，如图3-4所示。

2.相机功能按钮

通常，数码相机的正面，有快门、镜头卡口、反光镜、闪光灯等按钮，如图3-5所示。

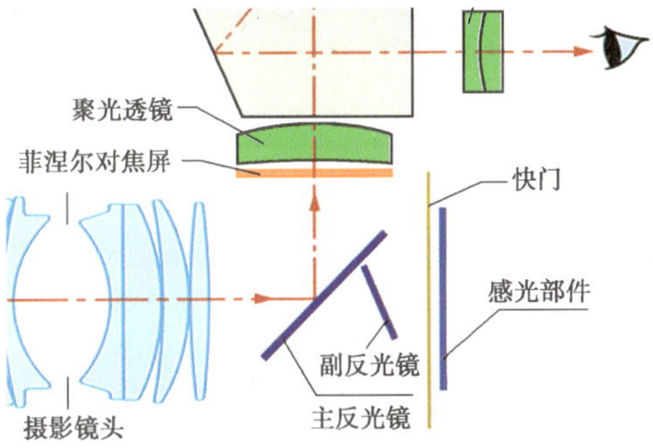

图 3-4 单反相机工作原理图

图 3-5 单反数码相机的正面

数码相机的背面，有取景器目镜、眼罩、信息按钮、菜单按钮、自动对焦按钮、方向键、设置按钮、速控转盘等按钮，如图3-6所示。

图 3-6 单反数码相机的背面

数码相机的顶面，有主键盘、液晶显示器照明按钮、液晶显示屏、ISO感光度设置按钮、电源开关、立体声麦克风等按钮，如图3-7所示。

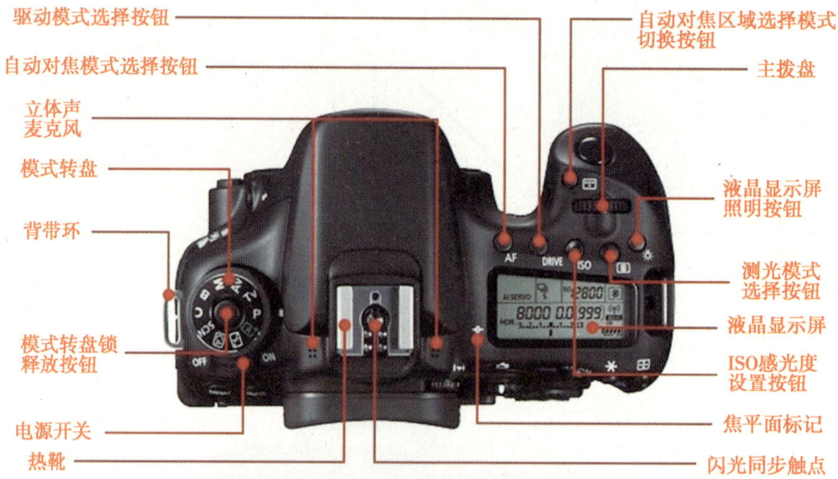

图 3-7　单反数码相机的顶面

数码相机的底面，有直流电连接器电源线孔、电池仓盖释放杆、三脚架接孔等按钮，如图3-8所示。

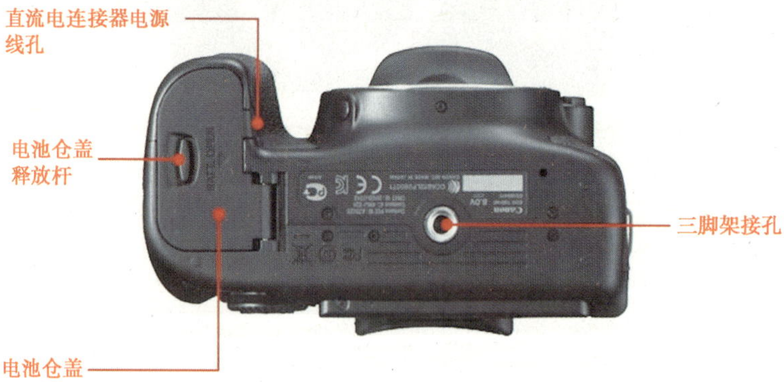

图 3-8　单反数码相机的底面

3.相机的基本操作

在拍摄之前，我们需要了解相机的握法：右手紧握住相机手柄，左手托住镜头下部，将右手食指轻轻放在快门按钮上；将双臂和双肘轻贴身体，两脚略微分开站立，以保持稳定的姿态；将相机贴紧面部，从取景器中取景，如图3-9所示。

用数码相机进行拍摄，首先要进行参数设定，依次将功能模式按钮调整到“拍摄”模式，将曝光模式和闪光灯选择为“自动”；接着在选择好被拍摄对象后，就要用LCD液晶显示屏来取景；最后就是按快门拍摄对象，先半按快门对焦，当我们在取景器里看到对焦成功的提示后，再按下快门按钮，即完成了一次照片的拍摄。

图 3-9　数码相机的握法

活动3　认识三脚架

三脚架是摄影设备中必不可少的工具。在进行商品的拍摄时，不是每个地方都有良好的光线，当光线不足时就要求曝光时间相对要长。在这个过程中相机一定不能抖动，把相机放在脚架上能够起到稳定机身的作用，确保照片的拍摄质量。选购三脚架要选择管径在28 mm以上，脚架升高高度高的，承重质量在10 kg以上的三脚架，如图3-10所示。

图 3-10　三脚架

活动4　认识灯光

在拍摄商品图片时，充足的照明会让商品显得更有层次，昏暗的灯光会使产品显得破旧和廉价。要想在光线不足的环境下拍摄清晰的画面，如果没有辅助光源，基本上是非常困难的。如果也不希望看到太多、太硬、太直白的光线打在被射物体上，那么使用一面反光板也是必需的，它可以让平淡的画面变得更加饱满，呈现出良好的光感、质感。同时，利用辅助灯光适当改变画面中的光线，对于简洁画面成分，突出主体也有很好的作用。常见灯光、反光板如图3-11、图3-12所示。

图 3-11　灯光

图 3-12　反光板

阅读有益

选择多大的光源是需要根据商品大小来确定的。例如拍摄服装时，光源当然要大一些。通常需要1个主大灯和3个辅助灯，主大灯建议选用100 W左右的节能灯，辅助灯可以用普通的台灯代替，但是需要换上30 W左右的节能灯。

请同学们扫描下面的二维码，了解拍摄光源的技巧。

YUEDUYOUYI

活动5　搭建摄影环境

为了保证拍摄质量，拍摄商品时需要搭建一个摄影环境，如图3-13所示。首先是背景板，要想拍摄出好的商品图片，就不能随意找面墙作背景，因为背景要突出商品、彰显商品，还要与商品一起构成一幅完整而和谐的画面，这样才对买家有吸引力，如图3-14所示。其次是需要准备反光板，一般情况下是用白纸反光，也可以用锡纸反光。最后是灯光，主灯一般是正对拍摄对象，而辅助灯则是放置在拍摄对象的两侧。

图 3-13　简易的摄影棚

图 3-14　背景板

阅读有益

如果是在室内拍摄就需要搭建一个简易的摄影棚，搭建的目的是聚光，将光线集中在商品上，拍摄出来的效果才鲜艳又漂亮。注意主灯和辅助灯位置的高低以及距离商品的远近，这将直接影响到拍摄效果，摆放位置不好，同样也会出现照片发暗和颜色不均匀的现象。所以在拍摄前要多试验几次，找到最佳状态。

请同学们扫描下面的二维码，了解如何搭建拍摄环境。

YUEDUYOUYI

想一想

同学们，回忆一下本任务中我们学习了哪些知识，可在小组内交流总结，然后把总结出的知识点写在下面的横线上。

____

____

____

____

[任务二]

NO.2

学习摄影的基础知识

◆ 任务描述

通过前面的学习，我们已经对摄影器材有所了解，本任务将学习摄影的基础知识，包括光圈、景深、白平衡、构图等。通过本任务的学习，你将掌握摄影的基本技巧，为拍摄出精美的商品照片打下基础。

活动1　认识对焦

对焦就是把镜头对准被摄体，然后转动对焦环，使被摄体经过镜头的成像清楚地投射在底片或感光芯片上，实际上就是使被摄体变清晰的过程，如图3-15所示。对焦有自动对焦和手动对焦两种方式。

图 3-15　对焦清楚和对焦模糊的对比图

自动对焦：相机发射一种红外线，根据被摄体的反射确定被摄体的距离，实现自动对焦。

手动对焦：手动转动对焦环调节相机镜头，从而使拍摄出来的照片清晰的一种对焦方式。这种方式在很大程度上依赖人眼对对焦屏上的影像的判别以及拍摄者的熟练程度，甚至受拍摄者视力的影响。

阅读有益

在多数情况下，相机可以通过自动对焦的方式来完成对焦，但当遇到以下情况时就需要使用手动对焦模式。

①反差低的环境：在拍摄环境反差比较低时，就会发生对不到焦的情况，很难达成合焦的动作。

②低亮度的环境：在亮度比较低的拍摄环境，也很容易产生迷焦的状况。

③对焦点不在中央：当对焦点不在中央时，在重新构图时焦点对不到我们原来想要的位置。

YUEDUYOUYI

【扫一扫】请同学们扫描下面的二维码，了解自动对焦与手动对焦的区别。

做一做

请同学们参照下图进行单体对焦训练。

活动2　认识光圈和快门

光圈是相机镜头上控制透光量的装置。光圈开得大，透光量便大；开得小，透光量便小。光圈大小通常用F值表示。光圈的大小与镜头的焦距和镜头的口径有直接的关系，即光圈F值=镜头的焦距/镜头口径的直径，如图3-16所示。

快门是镜头前用来控制光线进入时间长短的装置。快门的速度也是拍摄照片时控制曝光时间长短的参数。为了更容易理解，也可以把快门说成是让相机保持当前设定光圈大小的控制时间，如图3-17所示。

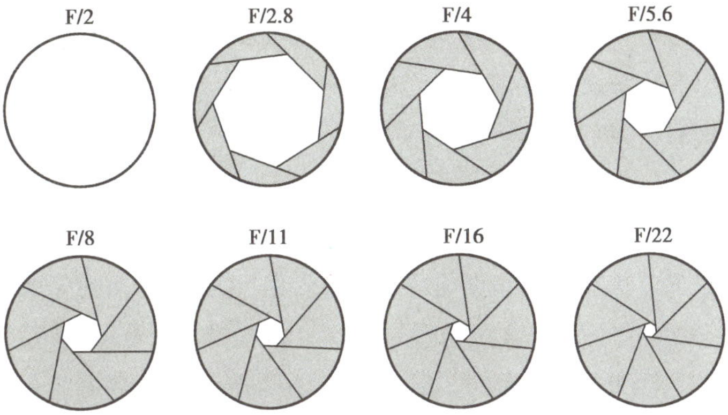

图 3-16　光圈大小示意图

(a) 快门速度 1/400 s　　(b) 快门速度 1/2 s

图 3-17　快门速度对照片效果的影响

阅读有益

相机的曝光量由光圈和快门共同决定，如果把光线比喻成水流，光圈则控制水流的大小，快门控制水流的时间长短。一张曝光正常的照片，其曝光量是在一定的范围内。当光圈一定时，快门时间越慢，曝光时间越长，曝光量越大。

YUEDUYOUYI

【扫一扫】请同学们扫描下面的二维码，了解光圈和快门的使用技巧。

做一做

请同学们自己动手改变光圈和快门拍一组照片进行比较，体会改变光圈、快门量对照片效果的影响。

活动3　认识景深和ISO感光度

通俗地讲，景深就是在所调焦点前后延伸出来的“可接受的清晰区域”。实际上，在任何照片上只有聚焦了的平面才是真正清晰的。然而，在观赏者看来，聚焦物体的前后部分区域也显得相当清晰。因此，简单地说，画面被相机清晰拍摄到的距离范围就是景深，如图3-18所示。

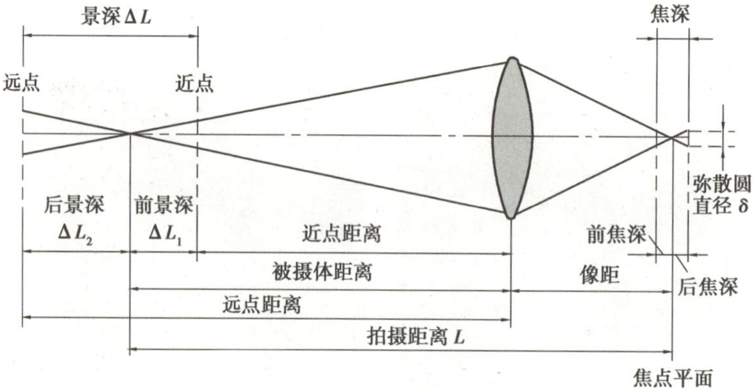

图 3-18　景深示意图

阅读有益

影响景深的3个要素：镜头光圈、镜头焦距、拍摄距离。光圈越大，景深越小；光圈越小，景深越大。镜头焦距越长，景深越小；焦距越短，景深越大。距离越远，景深越大；距离越近，景深越小。3个要素都影响着景深，但是其中影响最大的还是光圈。

下列组图是对最前方的啤酒瓶标签对焦，并采用不同光圈拍摄得到的照片。可以看出，随着光圈变小，合焦范围不断扩大，这就是景深的变化。通常用景深大小来表示合焦范围的大小。

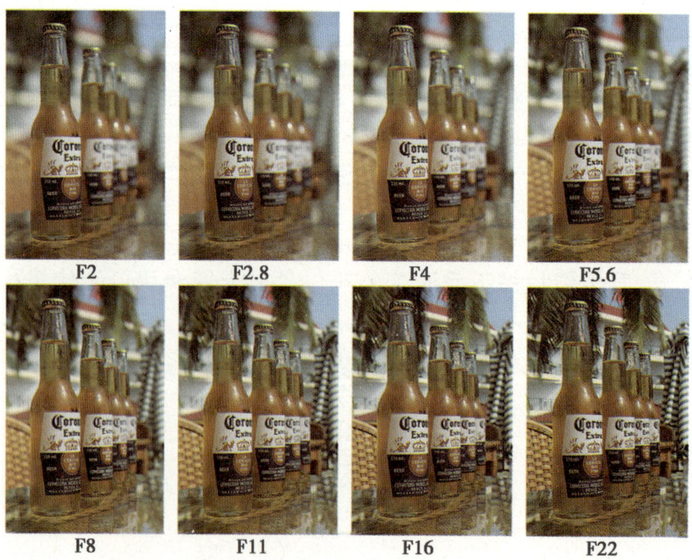

YUEDUYOUYI

低	←	ISO感光度	→	高
ISO100		ISO800		ISO3200
多	←	曝光量	→	少
F2，1/30 s		F4，1/60 s		F5.6，1/250 s

图 3-19　感光度与曝光量的关系

ISO感光度作为相机术语，得到了广泛使用。ISO是International Organization for Standardization的缩写，是国际标准化组织的英文简称。以前胶片的感光度被称为ISO感光度，有ISO100、ISO400等分类。现在数码相机的ISO感光度是同一个意思，是CMOS图像感应器对光线的敏感度，也由ISO的数值表示。ISO的数值变大，相机对光线的敏感度就会提高。ISO感光度是由光圈与快门速度的组合决定。使用高ISO感光度时曝光量减少，低ISO感光度时曝光量增加，如图3-19所示。例如将ISO感光度设低，收缩光圈以低速快门拍摄，汽车头灯和尾灯发出的光形成具有流动感的线状，如图3-20所示。

图 3-20　光圈优先自动曝光（F25，25 s）/ISO100

阅读有益

当采用高ISO感光度时，有时会发现图像上有实际没有的斑点出现，这些斑点就是噪点。提高了ISO感光度，必须对信号进行电子放大增幅，在这个过程中所产生的杂质信号就是噪点。虽然无法完全消除噪点，但应对5寸照片打印和智能手机浏览等日常使用没有问题。下列组图可以看出随着ISO感光度变化，噪点产生的具体情况。

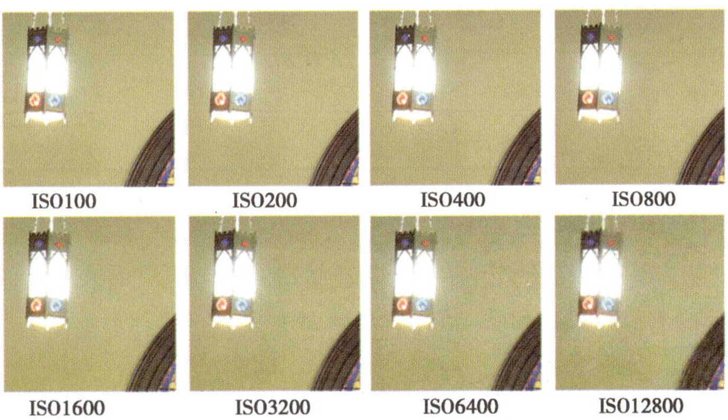

YUEDUYOUYI

做一做

请同学们用景深知识拍摄一组照片，来体会光圈、焦距、距离与景深的关系。

活动4　搭建商品的拍摄环境

1.小件商品的拍摄环境搭建

这类商品本身体积就很小，适合在单纯的环境空间里进行拍摄。因此在拍摄时也不必占用很大的空间和面积，免去了布景的麻烦，还能拍摄出漂亮的、主体突出的商品照片，如图3-21所示。

2.大件商品的拍摄环境搭建

拍摄大件商品可以选在一个空旷的场地，室内、室外都可以。在室内拍摄时，要尽量选择整洁和纯色的背景，因为照片里不宜出现其他不相关的物体和内容，除非是为了衬托商品而使用的参照物或配饰，这样才能拍摄出具有专业感的照片，如图3-22所示。

图 3-21　小件商品的拍摄环境搭建

图 3-22　大件商品的拍摄环境搭建

做一做

请同学们比较大件商品和小件商品拍摄环境各自的特点。

类型	特　点

活动5　了解常见的布光方式

拍摄静止的物体是一种造型行为，布光是让塑造的形象更具有表现力的关键。在拍摄中运用不同的布光来表现出商品的特性，能使消费者直观地看到商品的不同形态，由此去联想他们在享受商品时可能获得的感受。下面介绍几种常见的布光方式。

1.展示式布光

展示式布光是根据主体的形状、质感的效果展示来选定光源、确定光位的布光方式。其特点是：主体明亮，能很好地展现主体造型及表面质感、肌理，反映色泽和色彩，展现主体的功能。此类布光，其中右侧闪光灯加柔光箱，与拍摄轴成60°、俯角45°布光，揭去柔光箱内加层柔光布，使光线稍硬；左侧使用一块白色塑料泡沫板，调整反光亮度，使光比达到1∶3，产品表面的质感得到较好的表现，如图3-23所示。

图 3-23　展示式拍摄效果

2.无投影布光

这种布光方式就是使拍摄出的照片上没有主体投影的一种布光方式。一般采用闪光灯加柔光箱，左右双灯，以减弱投影的浓度。若需全部消除投影，可在灯前加硫酸纸，或将闪光灯管装上乳白色雾化罩。这种布光方式造型光效柔和，明暗对比较弱，比较适合拍摄较平面的商品。

如果想使商品保持明显的明暗对比效果，可以改用硬光。将商品放在玻璃板上悬空搁置，两侧布直射闪光，使投影落在背景范围外。若需提亮背景，可往背景纸上再打一只灯，效果如图3-24所示。

图 3-24　无投影布光拍摄效果

3.魅力布光

展示式和无投影式布光能将物体展示清楚，色彩表现也比较好。但在表现某些精密仪器、电子器材，以及色彩浓重、质地厚实的面料、纺织品和装饰面料等物品的内在气质及品性时，就略显不足了，这时就要选择魅力布光。

魅力布光一般选择深色背景，以硬光勾勒轮廓或用点光源照明主体的局部，以突出和强调其功能和造型，整体画面低调地营造或烘托神秘、典雅、高贵、深沉的气氛，如图3-25所示。

4.渐变布光

渐变布光可以形成色调和影调渐变的背景，用以突出主体。用渐变背景纸代替渐变布光，可以获得相同的效果，拍摄速度也会快得多。有多种色彩的渐变背景纸可供选择，既可以变成浅白色，也可以变成深黑色。再根据需要给主体打光，形成无投影或以硬光构成特有的投影效果等，如图3-26所示。

图 3-25　魅力布光拍摄效果

图 3-26　渐变布光拍摄效果

阅读有益

硬光，是指强烈的直射光。在硬光的照明下，被摄体上有受光面、背光面和影子，这是构成被摄体立体形态的效果；软光，是指照明在被摄体上不产生明显阴影的光，它是一种漫反射性质的，光源方向性不明显。

YUEDUYOUYI

【扫一扫】请同学们扫描下面的二维码，进一步了解各种“布光方式”的特点，然后填写下表。

布光方式	特　点

活动6　掌握商品拍摄构图技巧

当你熟悉了自己的照相机和各种感光材料的性能，并掌握了一定的用光、布光知识和技法，把镜头对着商品时，你考虑的一定是如何构成一个理想的画面，创作出完美的艺术形象。这就需要学习构图。

1.横式构图

横式构图是商品呈横向放置或者横向排列的横幅构图方式。这种构图方式能够给人一种稳定、可靠的感觉，多用来表现商品的稳固性，并给人安全感，是一种常用的构图方式，如图3-27所示。

2.竖式构图

竖式构图是商品呈竖向放置或者竖向排列的竖幅构图方式。这种构图方式可以表现出商品的高挑、秀朗，常用来拍摄长条的或者竖立的商品，如图3-28所示。竖式构图在商品的拍摄中也是经常使用的。

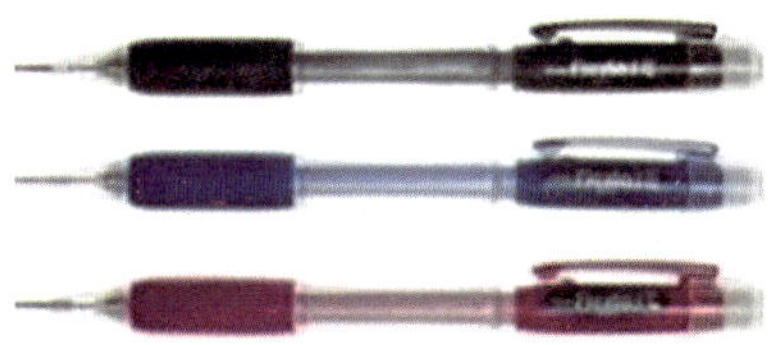

图 3-27　横式构图

图 3-28　竖式构图

3.斜线构图

斜线构图是商品斜向摆放的构图方式，其特点是富有动感，个性突出。对于表现造型、色彩或者理念等较为突出的商品时，斜线构图方式较为实用，使用得当可以产生很不错的画面效果，如图3-29所示。

图 3-29　斜线构图

4.黄金分割法构图

黄金分割法的构图方式，画面的长宽比例通常为1∶0.7，由于按此比例设计的造型十分美丽，故被称为黄金分割，这一比例也称为黄金比例。我们把黄金分割法的概念略微引申，画面0.7的地方是放置拍摄主题最佳的位置，以此形成视觉的重心，如图3-30所示。

5.对称式构图

为了在视觉上突出主体，我们常常将主体放在画面的中间，左右基本对称，因为很多人喜欢把视平线放在中间，上下空间的比例大体均分。对称式构图具有平衡、稳定、相呼应的特点，但容易表现得呆板、缺少变化。为了打破这种呆板的表现形式，我们常常会在对称中构建一点点的不对称，如图3-31所示。

图 3-30　黄金分割法构图

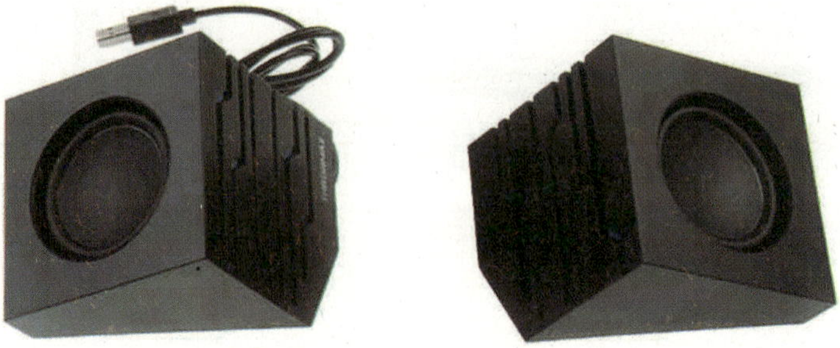

图 3-31　对称式构图

【扫一扫】扫描下面的二维码，进一步了解各种商品构图的特点，然后填写下表。

构图类型	特　点

想一想

同学们，回忆一下本任务中我们学习了哪些知识，可在小组内交流总结，然后

把总结出的知识点写在下面的横线上。

____

____

____

____

[任务三]

NO.3

学习拍摄常见商品的方法

◆ 任务描述

五花八门的商品拍摄是很难采用统一的技术和方法，每一类商品有其自身的特点，必须仔细研究商品的外形、质地以及用途，确定好拍摄器材，给出最佳的布光和构图，才能取得完美的效果。下面我们将介绍常见商品的拍摄技巧。

活动1　拍摄电子产品

电子产品大多具有光洁的漆面，或者漂亮的显示屏，有些还有不锈钢金属盖板。对这类反射率较高的商品进行拍摄时，首先要解决反射光杂乱的问题。至少应该具备一个柔光箱，柔光箱尺寸为40 cm×60 cm即可，如图3-32所示。在电子产品的前方布置两盏灯，左右各一，上方布置一个柔光箱，3盏灯将拍摄产品包围起来，从相机取景器里观察商品是否有大面积的反光，并调整灯位置直到反光消失或在合理范围内。拍摄效果如图3-33所示。

图 3-32　柔光箱位置示意图

图 3-33　电子产品拍摄效果图

【扫一扫】请同学们扫描下面的二维码，了解柔光箱的作用。

做一做

请同学们拍摄一张电子产品的照片，并相互交流拍摄过程。

活动2　拍摄瓶装饮料

饮料瓶一般都是透明或半透明的，以塑料材质和玻璃材质为主，往往透过瓶体可以看到里面的液体。我们要拍摄出它的通透感，就需要在饮料的背后加一盏灯，这样能很好地表现饮料的通透感。由于饮料瓶体上往往会有包装存在，此时就需要在饮料瓶的正面添加一盏灯，这样可以让消费者看到更多的关于此饮料的信息，如图3-34所示，效果如图3-35所示。

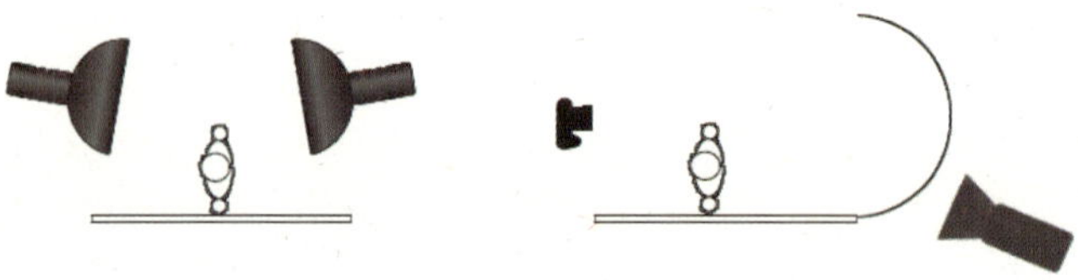

图 3-34　拍摄瓶装饮料的布光位置

图 3-35　瓶装饮料效果图

做一做

请同学们拍摄一张瓶装饮料的照片，并相互交流拍摄过程。

活动3　拍摄化妆品

化妆品拍摄一般要表现出产品的精细，如口红要求拍出膏体的细腻和色泽纯度，护肤品会要求表达出天然纯净的感觉。因此化妆品拍摄的用光是比较柔和的、均匀的，一般会用2只以上的辅助灯光来营造出柔和的光线，如图3-36所示，效果如图3-37所示。

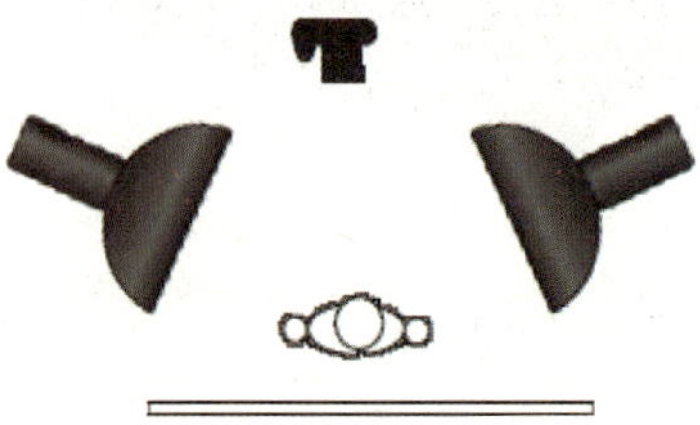

图 3-36　化妆品拍摄的灯光位置图

图 3-37　化妆品效果图

做一做

请同学们拍摄一张化妆品的照片，并相互交流拍摄过程。

活动4 拍摄茶具

茶具这个拍摄题材是很常见的，也是摄影者喜爱的拍摄题材之一。要拍好茶具就必须拍出品茶的氛围。精美的茶具本身就具有很强的艺术效果，最终的效果需要体现其独特的造型，与众不同的纹理。自然景色为背景会带来简单的逆光效果，但茶具上精美的花纹会淹没在暗部的黑当中，解决的方法很简单，一只带柔光箱的照明灯就解决了这个难题，如图3-38所示。

图 3-38 茶具拍摄的灯光位置图

拍摄的主要光源是一只略带逆光的照明灯，其目的是使茶具的轮廓清晰，同时在右上方的一个柔光箱提供辅光，减少反差表现在暗部的细节，这样杯中的茶水也可以拍得十分清澈，如图3-39所示。

图 3-39 茶具效果图

阅读有益

拍摄商品有以下技巧：

①相机一定要保持稳定。这一点非常重要，最好准备一个三脚架。许多刚学会拍摄的朋友们常会遇到拍摄出来的图像很模糊的问题，这是由相机的晃动引起的，所以在拍摄中要避免相机的晃动。保持相机稳定的方法是：双手握住相机，将肘抵住胸膛，或者是靠着一个稳定的物体，并且要放松，整个人不要太紧张。

②让太阳在你的身后。摄影是光与影的完美结合，缺少了光线就不能成为摄影，所以在拍摄时需要有足够的光线能够照射到被摄主体上。最好的也是最简单的方法就是使太阳处于你的背后并有一定的偏移，前面的光线可以照亮商品，使它的色彩和阴影变亮，轻微的角度则可以产生一些阴影以显示商品的质地。

③拍摄距离要缩小。有时候，只需要简单地离商品近一些，就可以得到比远距离拍摄更好的效果。你并不一定非要把整个宝贝全部拍下来，有时候对宝贝的某个具有特色的地方进行夸大拍摄，反而会创造出具有强烈视觉冲击力的图像。

请同学们扫描下面的二维码，了解拍摄商品的技巧。

YUEDUYOUYI

想一想

同学们，回忆一下本任务中我们学习了哪些知识，可在小组内交流总结，然后把总结出的知识点写在下面的横线上。

____

____

____

____

◆ 项目小结

通过本项目的学习，我们了解到常见的摄影器材和选购技巧，学习了摄影的基础知识和常见商品的拍摄技巧，为拍摄出漂亮的商品图片打下坚实的基础。

◆ 项目检测

一、填空题

1.相机的种类有________、________、和________。

2.常见的摄影器材有________、________、________和________。

3.对焦的方式有________和________。

4.光圈是指____________________________________。

二、选择题

1. 镜头的光圈系数用（　）标志。

A.MACRO　　B.F=28~70 mm　　C.FM　　D.1∶2

2. 在同样的条件下，先用F/2，1/15 s，后用F/16，4 s拍摄同一景物，其结果是（　）。

A.密度一样　　B.密度不一样

3. 不能引起影像景深大小变化的因素是（　）。

A.拍摄距离的变化　　B.镜头焦距的变化

C.光圈孔径的变化　　D.光线变化

4. 如F/2的光束直径为50 mm，则F/4的光束直径为（　）。

A.100 mm　　B.75 mm　　C.25 mm　　D.17 mm

5. 夸大前景，要用（　）镜头。

A.标准　　B.中焦　　C.中长焦　　D.超广角

6. 下列哪个光圈最大？（　）。

A.F/1.2　　B.F/5.6　　C.F/8　　D.F/16

7. 日光型胶片的色温是（　）。

A.5 600 k　　B.3 200 k　　C.7 000 k　　D.2 100k

8. 红光的波长是（　　）。

A.780 nm　　B.560 nm　　C.380 nm　　D.210 nm

9. CMYK颜色空间的色域要（　　）RGB颜色空间。

A.大于　　B.等于　　C.小于　　D.超过

10. 成像最好的光圈是（　　）光圈。

A.大　　B.中　　C.小　　D.最小

三、简答题

1.什么是景深？影响景深的主要因素有哪些？

2. 结合实例论述冬季摄影器材的保护措施。

3.列举几种常见物品拍摄的灯光位置。

◆ 项目评价

评价内容	评价情况		
	理解	基本理解	不理解
相机的分类			
三脚架			
灯光			
对焦			
光圈			
快门			
景深			
常见的布光技巧			
商品的构图技巧			
商品的拍摄技巧			

项目四
处理与美化照片

【项目概述】

在网店中，商品照片是传递商品信息的一种最直观的方式，一张好图片胜过千言万语。但在拍摄商品照片时，由于各种原因，获得的照片往往不够完美，如构图不合理、色彩有问题或照片不够漂亮诱人等，此时就需要对照片进行处理，修改瑕疵，使其符合网店的需要。

【学习目标】

+ 了解美化照片的意义
+ 掌握处理图片的方法
+ 掌握美化图片的方法
+ 掌握抠图的方法
+ 培养细心的品质

[任务一]

NO.1

处理图片

◆ 任务描述

在拍摄商品时，经常会遇到色彩和曝光等方面的问题，本任务主要是介绍如何处理偏色照片和不清晰的照片。

活动1　调整曝光过度的照片

当逆光、曝光补偿设置错误或闪光灯使用不当时，照片会出现曝光不足的现象，此时拍摄的对象会偏暗，缺乏亮度和对比度。与曝光不足对应的就是曝光过度，由于拍摄光线过亮或拍摄时受白色光线影响，将造成照片曝光过度。这样的照片画面会失去很多原有的亮度部分细节，图像整体颜色偏淡，整个照片苍白且缺乏明暗层次。对于曝光不足和曝光过度的照片，我们可以通过Photoshop软件来调整，使照片效果得到改善。

调整曝光过度照片的操作步骤如下：

（1）启动Photoshop，打开素材文件夹项目四中的“小马”素材图片，如图4-1所示。

（2）执行“图像”→“调整”→“曝光度”命令，打开“曝光度”对话框，拖动“曝光度”“位移”和“灰度系数校正”的滑块，使画面达到合适效果，如图4-2所示。

图 4-1　曝光过度的小马

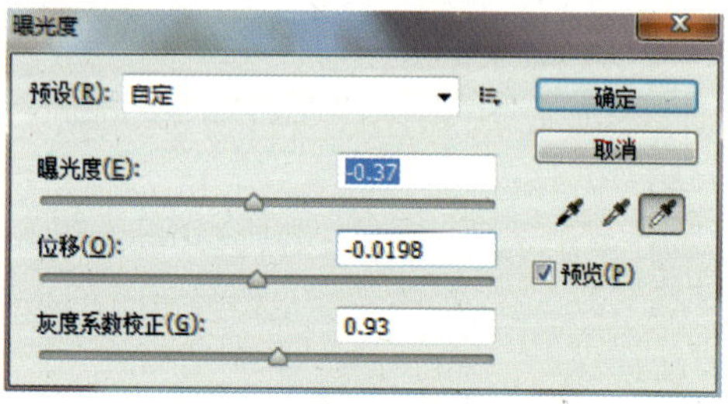

图 4-2　“曝光度”对话框

（3）执行“图像”→“调整”→“色阶”命令，打开“色阶”对话框，拖动“输入色阶”栏下方的滑块调整参数，使画面达到合适效果，如图4-3所示。

（4）执行“图像”→“调整”→“曲线”命令，打开“曲线”对话框，在对话框的曲线上单击，创建一个控制点，使用鼠标拖曳控制点改变曲线的形状，图片的色调随之改变，如图4-4所示。

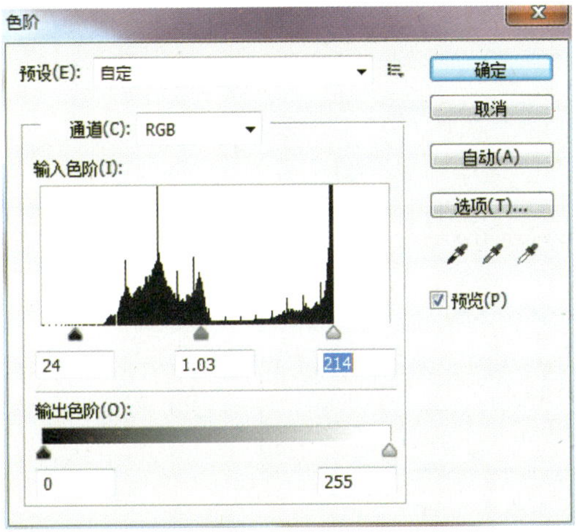

图 4-3　色阶参数设置

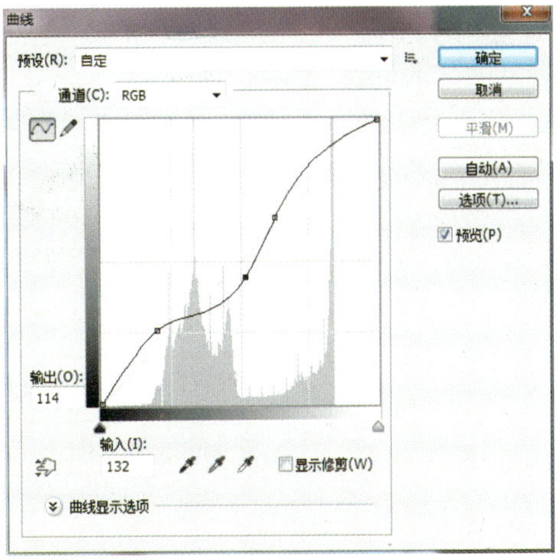

图 4-4　曲线参数设置

(5)图像的色调调整满意后，单击“确定”按钮，关闭对话框。处理完成后的图像效果如图4-5所示。

图 4-5　最终效果图

活动2　处理偏色的照片

照片的偏色是数码照片中常见的瑕疵。造成照片偏色的原因很多，如拍摄时光线的影响或白平衡设置不当等。在Photoshop中，对这类照片的处理实际上就是对照片色调进行调整，常用Photoshop的“色彩平衡”命令来修正偏色。

图 4-6　需要处理的鞋子

处理偏色照片的操作步骤如下：

(1)启动Photoshop，打开素材文件夹项目四中的“运动鞋”图片，如图4-6所示。

（2）执行“图像”→“调整”→“色彩平衡”命令，打开“色彩平衡”对话框，拖动滑块调整图片的色彩，如图4-7所示。

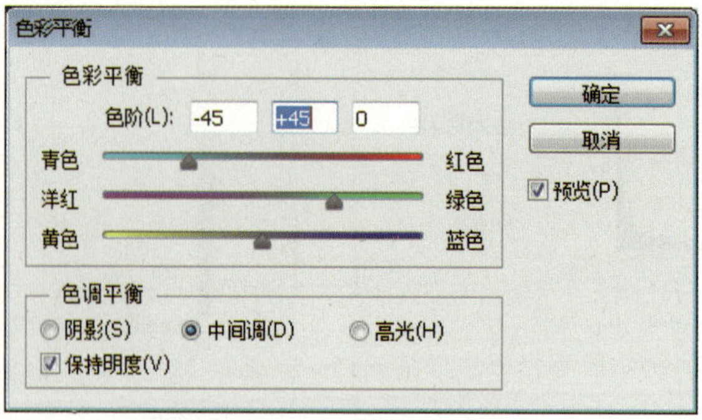

图 4-7　色彩平衡参数设置

（3）反复调整色彩平衡，达到满意效果后单击“确定”按钮，关闭对话框完成制作。照片的偏色得到了纠正，效果如图4-8所示。

图 4-8　最终效果图

阅读有益

在“色彩平衡”对话框中，青色和红色是相反色，洋红和绿色是相反色，黄色和蓝色是相反色。实际应用时，如果遇到一幅图像偏蓝色，就可以添加一些黄色从而减少蓝色。同样道理，一幅偏红色的图像，只需要添加一些青色就可以了。扫描下面的二维码，了解色彩平衡调节技巧。

YUEDUYOUYI

活动3　调整照片的色相/饱和度

在照片中，饱和度的不同能给人不同的视觉感受。低饱和度的画面给人以暗淡陈旧感，对于商品照片来说，这样的照片很难给人好感；而高饱和度的画面能够给人以视觉上的饱满感，增强视觉的冲击力。可以使用Photoshop的“色相/饱和度”命令来修正照片的饱和度。

调整照片色相/饱和度的操作步骤如下：

（1）启动Photoshop，打开素材文件夹项目四中的“衣服”照片，如图4-9所示。

（2）对于颜色鲜艳的照片就要降低饱和度，执行“图像”→“调整”→“色相饱和度”命令，拖动滑块使画面达到合适效果，如图4-10所示。

（3）调整到满意效果后，单击“确定”按钮。最终效果如图4-11所示。

图 4-9　颜色鲜艳的衣服

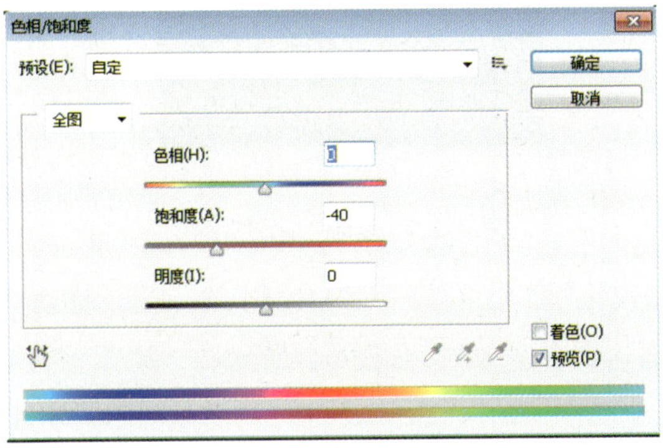

图 4-10　色相/饱和度参数设置图

图 4-11　最终效果图

阅读有益

色相是色彩的首要特征，色相即各类色彩的相貌称谓，是区别各种不同色彩的最准确的标准。事实上，黑白灰以外的颜色都有色相的属性，而色相也就是由原色、间色和复色来构成的。色相、色彩可呈现出质的面貌，自然界中色相是无限丰富的，如紫红、银灰、橙黄等。

饱和度控制图像色彩浓淡程度，饱和度调整类似电视机中的色彩调整，改变的同时色谱也会跟着变化，饱和度调至最低时图像就变为灰度图像。

明度就是亮度，明度调整类似电视机的亮度调整。如果将明度调至最低会得到黑色，调至最高就会得到白色。

扫描下面的二维码，了解调整照片色相的技巧。

YUEDUYOUYI

活动4　处理模糊照片

照片拍虚了是数码照片拍摄中常见的问题，这类照片应该使用Photoshop对其进行后期处理，使其变得清楚。但是这里要注意的是，Photoshop虽然功能强大，但也不是万能的，对于严重模糊的照片，只有重新拍摄了。使用Photoshop处理模糊照片的方式很多，可根据照片的情况进行选择。

处理模糊照片的操作步骤如下：

（1）启动Photoshop，打开素材文件夹项目四中的“模糊的照片”，如图4-12所示。

（2）在“图层”面板中，将“背景”图层拖曳到“创建新图层”按钮上复制“背景”图层，如图4-13所示。

图 4-12　模糊的照片

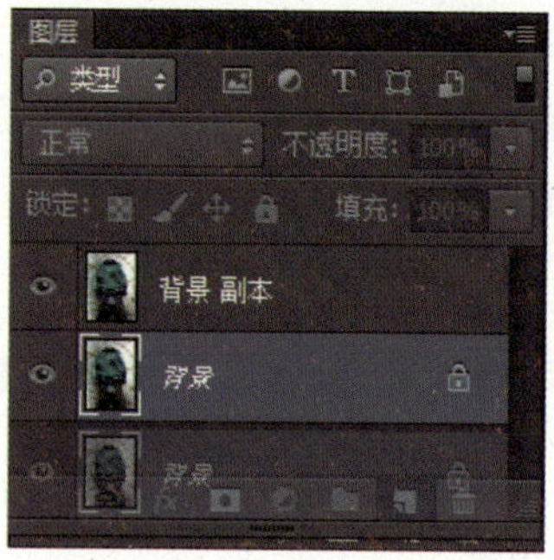

图 4-13　复制“背景”图层

（3）执行“滤镜”→“锐化”→“USM锐化”命令，打开“USM锐化”对话框，拖动“数量”“半径”“阈值”滑块调整参数，使画面达到合适效果，如图4-14所示。

（4）重复按“Ctrl+F”键执行USM锐化两次，单击“确定”按钮，将图层的不透明度修改为80%，完成制作，最终效果如图4-15所示。

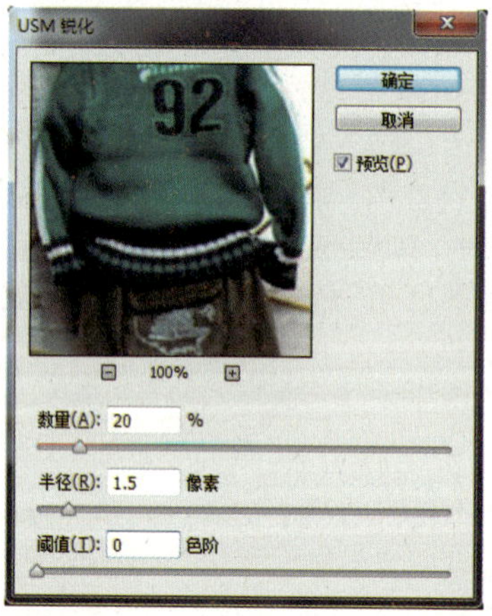

图 4-14　USM 锐化参数设置图

图 4-15　最终效果图

阅读有益

锐化强度数值越大，锐化度越大，参数范围为1~500；半径范围数值越小，边缘锐化的程度越大，参数范围为0.1~250；阈值数值越小，对比效果越明显。

扫描下面的二维码，了解处理模糊照片的技巧。

YUEDUYOUYI

做一做

通过本任务的学习，同学们对图片的美化方法有了一定的了解，请应用上面的方法对配套资源库里相应练习中的曝光过度的照片、偏色的照片、模糊的照片进行处理。

想一想

同学们，回忆一下本任务中我们学习了哪些知识，可在小组内交流总结，然后把总结出的知识点写到下面的横线上。

____

____

____

____

[任务二] NO.2

美化图片

◆ 任务描述

在网上购物时，买家通过搜索对自己所需要的商品进行筛选。这时候，一张美观的图片就能增加商品被潜在客户发现的概率，从而进入店铺查看整体信息，最终实现购买。那么，网店图片美化有哪些要素？对于刚入门的网店掌柜来说，又该如何掌握美化技巧呢？通过本任务你将学习如何用Photoshop美化图片。

活动1 调整图片色调

色调是指一幅作品色彩外观的基本倾向，某种因素起主导作用，我们就称为某种色调。一幅绘画作品虽然用了多种颜色，但总体有一种倾向，是偏蓝或偏红、是偏暖或偏冷等。这种颜色上的倾向就是一幅作品的色调。通常可以从色相、明度、冷暖、纯度4个方面来定义一幅作品的色调。

阅读有益

色调在冷暖方面分为暖色调与冷色调。红色、橙色、黄色为暖色调，象征着太阳、火焰；绿色、蓝色、黑色为冷色调，象征着森林、大海、蓝天；灰色、紫色、白色为中间色调。暖色调的亮度越高，其整体感觉越偏暖；冷色调的亮度越高，其整体感觉越偏冷。冷暖色调也只是相对而言，例如，大红与玫红在一起时，大红就是暖色，而玫红就被看作是冷色；而玫红与紫罗蓝在一起时，玫红就是暖色。

扫描下面的二维码，了解彩色的含义。

YUEDUYOUYI

做一做

扫描下面的二维码，了解色调分类，然后完成下面的任务。

色调名	代表颜色

调整图片的色调，就是对图片颜色进行调整，因此可以使用的方法很多。下面我们用几种常见的方法来调整色调。

1.通过自动色调调整商品图像色调

Photoshop的“自动色调”命令能自动调整Photoshop图像中的暗部和亮部。“自动色调”命令对每个颜色通道进行调整，将每个颜色通道中最亮和最暗的像素调整为纯白和纯黑，中间像素值按比例重新分布。由于“自动色调”命令单独调整每个通道，因此可能会移去颜色或引起偏色。

通过自动色调调整商品图像色调的操作步骤如下：

（1）启动Photoshop，打开素材文件夹项目四中的“裤子”素材图片，如图4-16所示。

（2）执行“图像”→“自动色调”命令（快捷键Ctrl+Shift+L），完成自动色调调整，重复“自动色调”命令5次。最终完成效果如图4-17所示。

图 4-16　裤子素材图片

图 4-17　最终效果图

2.用曲线命令调整商品图片的色调

曲线不是滤镜，它是在忠于原图的基础上对图像作一些调整，而不像滤镜可以创造出新的效果。通过曲线，可以调节全体或是单独通道色调的对比、调节任意局部的亮度、调节颜色。

图 4-18　高跟鞋素材图片

用曲线命令调整商品图片色调的操作步骤如下：

（1）启动Photoshop，打开素材文件夹项目四中的“高跟鞋”素材图片，如图4-18所示。

（2）执行“图像”→“调整”→“曲线”命令（快捷键Ctrl+M），打开“曲线”对话框，调整曲线的参数，使画面达到合适效果，如图4-19所示。

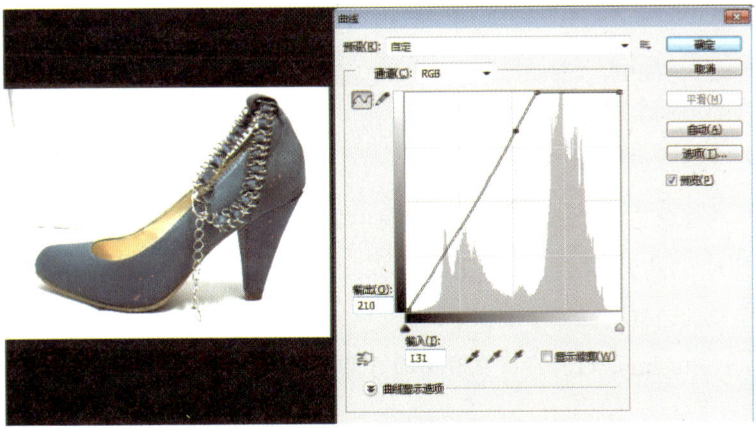

图 4-19　曲线调整

（3）按“D”键将背景颜色设置为白色，选取“橡皮擦”工具，将高跟鞋左侧的背景擦成白色，最终效果如图4-20所示。

图 4-20　最终效果图

活动2　添加图片水印

图片被盗用是每个卖家都可能遇到的问题。为了能够吸引买家，卖家常常会将自己商品的图片拍得很漂亮。每一张照片都凝聚了卖家的辛勤劳动，就这样随便地被别人使用了，肯定会让人心中不平。更为恶劣的是，商品照片被一些不良卖家盗用，还可能会存在着欺诈的问题。要解决这个问题很容易，只需要为自己的照片添加水印就可以了。

在图片上增加水印的操作步骤如下：

（1）启动Photoshop，打开素材文件夹项目四中的“高跟鞋修改后”素材图片，如图4-21所示。

（2）选择“文字”工具，将前景色设置为白色，字体为楷体，字号为30，输入文字“惠团网”，并调整图层的不透明度。完成后效果如图4-22所示。

图 4-21　高跟鞋素材图片

图 4-22　最终效果图

活动3　添加图片边框

商品照片的修饰方法很多，其中比较常见的方法是为照片添加一个边框。个性化的边框既能够使照片显得与众不同，又能使照片与其他内容分开，起到美化版面的作用。

在图片中添加边框的操作步骤如下：

（1）启动Photoshop，打开素材文件夹项目四中的“高跟鞋修改后”素材图片，如图4-23所示。

（2）按住“Ctrl+A”键单击“高跟鞋”图层，将需要修改的高跟鞋照片全选，再新建图层1，单击“编辑”→“描边”，调整边框的宽度达到满意效果，如图4-24所示。

图 4-23　高跟鞋素材图片

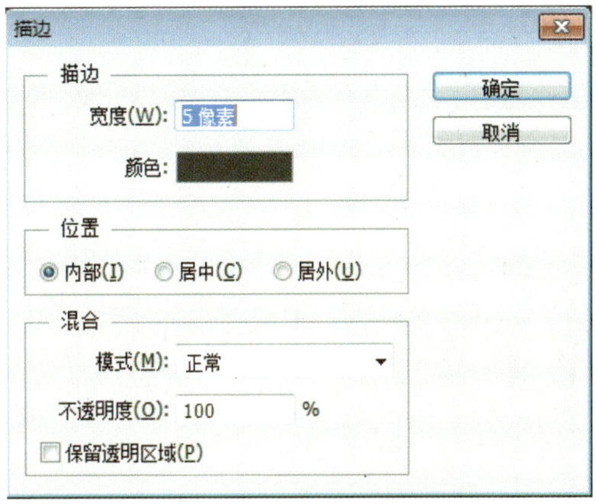

图 4-24　描边设置

（3）单击“图像”→“调整”→“曲线”，调整曲线描边设置的位置，如图4-25所示。

（4）单击“图像”→“调整”→“亮度和对比度”，设置参数亮度为56，对比度为-10，最终效果如图4-26所示。

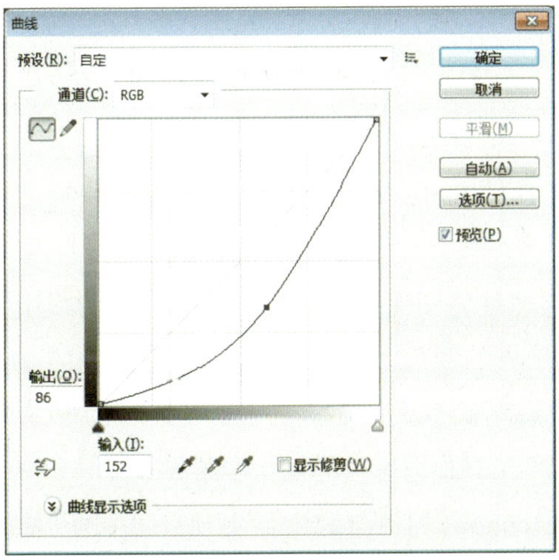

图 4-25　曲线调整

图 4-26　最终效果图

做一做

通过上面的学习，同学们对图片的美化方法有了一定的了解，请应用上面的方法完成配套资源库相应项目中图片的色调、添加水印、添加图片边框的练习。

想一想

同学们，回忆一下本任务中我们学习了哪些知识，可在小组内交流总结，然后把总结出的知识点写在下面的横线上。

[任务三]

NO.3

抠取图像

◆ 任务描述

无论是对照片中的商品进行单独处理，还是将商品图像合并到其他图片中，首先都需要从照片中抠取商品图像。作为一款功能强大的图像处理软件，Photoshop有很多方法来抠取需要的区域。本任务将介绍几种方便实用的方法。

活动1　使用“魔术棒”工具抠取图片

图 4-27　椅子

“魔术棒”工具是Photoshop中提供的一种比较快捷的“抠图”工具，对于一些分界线比较明显的图像，通过“魔术棒”工具可以快速地将图像抠出。“魔术棒”工具的作用是通过单击某个地方的颜色，自动获取附近区域相同的颜色，使它们处于被选择状态。

使用“魔术棒”工具抠取图片的操作步骤如下：

（1）启动Photoshop，打开素材文件夹项目四中的“椅子”素材图片，如图4-27所示。

（2）在工具箱中选择“魔术棒”工具，在属性栏中将工具的“容差”设置为32，如图4-28所示。

图 4-28　“魔术棒”工具参数设置图

【友情提示】Photoshop当中“容差”数值的不同会影响选中的颜色范围，使用“魔术棒”工具时，容差为0时，表示“魔术棒”只能选择相同的颜色；容差越大，颜色选择范围就越广。例如，容差是0时，如果选择纯蓝色，那么“魔术棒”只能选中百分之百的蓝色；如果容差是20，那么就可以选中淡蓝还有深蓝；当容差很大时，“魔术棒”就会把所有的颜色都选中。

（3）在图片的背景区域单击，图片中与单击点处颜色相近的像素被选择，从而获得一个选区，按住“Shift”+单击，将椅子的背景区域选择，效果如图4-29所示。

（4）按住“Ctrl+Shift+I”键将选区反转获得图片中的椅子，按“Ctrl+C”键复制选区内容。打开背景图片，按“Ctrl+V”键即可将选择的对象粘贴到该图片中。按“Ctrl+T”键对图像进行变换操作，调整椅子的大小，最终效果如图4-30所示。

图 4-29　选中椅子的背景区域

图 4-30　最终效果图

活动2　使用“磁性套索”工具抠取图片

“磁性套索”工具似乎有磁力一样，不需按鼠标左键而是直接移动鼠标，在箭头处就会出现自动跟踪的线，这条线总是走向不同颜色的边界处，边界越明显磁力越强，当首尾连接后完成选择，一般用于颜色与颜色差别比较大的图像选择。使用“磁性套索”工具，可以轻松地选取具有相同对比度的图像区域。

使用“磁性套索”工具抠取图片的操作步骤如下：

（1）启动Photoshop，打开素材文件夹项目四中的“青花瓷”素材图片，如图4-31所示。

（2）在工具箱中选择“磁性套索”工具，为了能够清楚地看到商品的边缘，按“Ctrl++”键放大商品。在图片中商品的边界处单击创建第一个锚点，沿着商品边缘慢慢移动鼠标，Photoshop会根据颜色的差异贴着商品的边界自动生成选框线和锚点，如图4-32所示。

（3）按“Ctrl+C”键复制当前选区内容，切换到第二张图片“青花瓷背景.bmp”，按“Ctrl+V”键粘贴选区内容，按“Ctrl+T”键，调整对象并将对象移动到需要的位置。确认变换操作后，保存文件，最终效果如图4-33所示。

图 4-31　青花瓷

图 4-32　移动鼠标获得封闭的选区

图 4-33　最终效果图

图 4-34　盖碗茶

活动3　使用“钢笔”工具抠取图片

“钢笔”工具在绘图软件中是用来创造路径的工具。“钢笔”工具属于矢量绘图工具，其优点是可以勾画出平滑的曲线，在缩放或者变形之后仍能保持平滑效果。“钢笔”工具画出来的矢量图形称为路径，如果把起点与终点重合绘制就可以得到封闭的路径。

使用“钢笔”工具抠取图片的操作步骤如下：

（1）启动Photoshop，打开素材文件夹项目四中的“盖碗茶”素材图片，如图4-34所示。

（2）在工具箱中选择“钢笔”工具，在工具的属性栏的“选择工具模式”下拉列表中将工具的模式设置为“路径”，如图4-35所示。

图 4-35　“钢笔”工具属性设置图

（3）在需要选择的对象边缘单击创建第一个锚点，然后沿着对象的边缘单击创建锚点以绘制路径，绘制紧贴对象边缘的路径，使路径的最后一个锚点与第一个锚点重合获得封闭路径，如图4-36所示。

图 4-36　“钢笔”工具锚点路径图

（4）完成路径编辑后，执行“窗口”→“路径”，打开“路径”面板，单击面板中的“将路径作为选区载入”按钮获得选区，如图4-37所示。

（5）在工具箱中选择“转换点”工具，使用该工具单击锚点将其转换为曲线点，此时路径变为曲线路径。横向拖曳鼠标拉出带有控制柄的方向线，通过改变方向线的方向和长度可以改变曲线的形状，如图4-38所示。

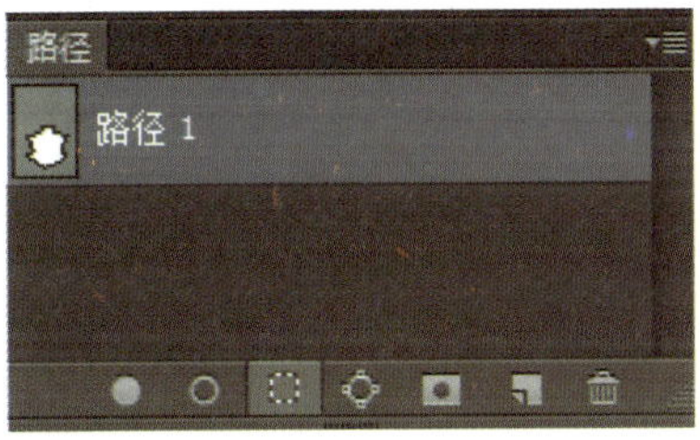

图 4-37　路径面板

图 4-38　将路径作为选区载入

（6）按“Ctrl+Shift+I”键将选区反转获得图片中的茶杯，按“Ctrl+C”键复制选区内容。打开背景图片“盖碗茶背景.bmp”，按“Ctrl+V”键即可将选择的对象粘贴到该图片中。按“Ctrl+T”键对图像进行变换操作，调整盖碗茶的大小，最终效果如图4-39所示。

图 4-39　最终效果图

活动4 使用“快速蒙版”工具抠取图片

快速蒙版模式可以将任何选区作为蒙版进行编辑，而无须使用“通道”面板，在查看图像时也可如此。将选区作为蒙版来编辑的优点是几乎可以使用任何 Photoshop 工具或滤镜来修改蒙版。例如，如果用“选框”工具创建了一个矩形选区，可以进入快速蒙版模式并使用画笔扩展或收缩选区，也可以使用滤镜扭曲选区边缘，还可以使用“选区”工具。

从选中区域开始，使用快速蒙版模式在该区域中添加或减去以创建蒙版。另外，也可在快速蒙版模式中创建蒙版。受保护区域和未受保护区域以不同颜色区分。当离开快速蒙版模式时，未受保护区域成为选区。

使用“快速蒙版”工具抠取图片的操作步骤如下：

（1）启动Photoshop，打开素材文件夹项目四中的“苹果”素材图片，如图4-40所示。

（2）在工具箱中单击“以快速蒙版编辑”按钮，进入快速蒙版状态，在工具箱中选择“画笔”工具，在属性栏中选择合适大小的画笔笔头，如图4-41所示。

图 4-40　苹果

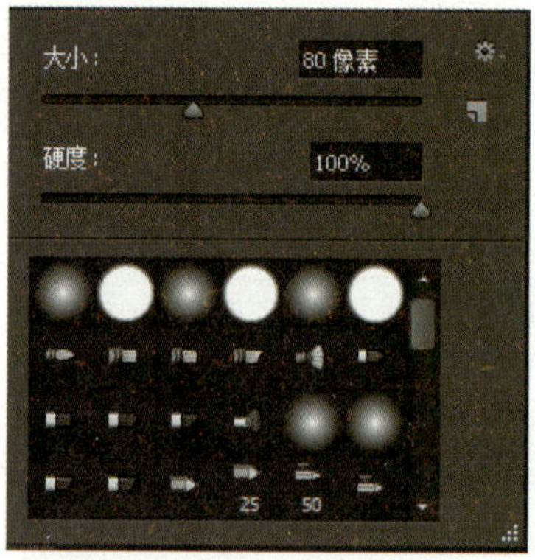

图 4-41　画笔笔头设置

（3）使用“画笔”工具在图片中涂抹，图片上涂抹的部分被半透明红色遮盖，按几次“Ctrl++”键放大图像，按“[”键缩小画笔笔头，并小心涂抹需要部分的边缘，如图4-42所示。

（4）按“Q”键退出快速蒙版状态，图片中没有被涂抹的部分被选择；按“Ctrl+shift+I”键反转选区，获得包含对象的选区，如图4-43所示。

图 4-42　涂抹苹果对象

图 4-43　将苹果作为选区载入

(5) 按"Ctrl+U"键打开"色相/饱和度"对话框，勾选"着色"复选框，将"色相"和"饱和度"滑块拖曳到适当位置，使画面达到合适效果，如图4-44所示。

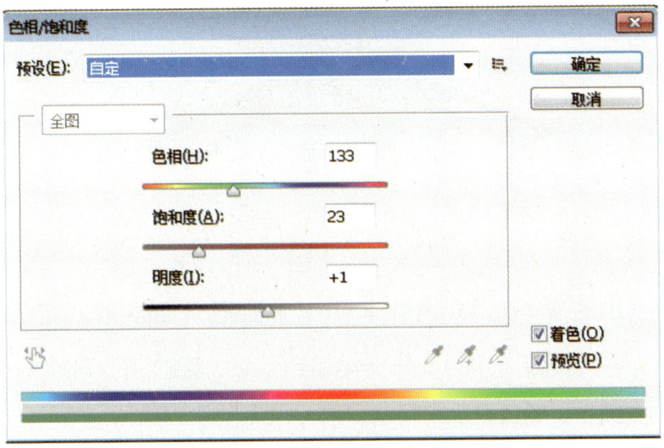

图 4-44　色相 / 饱和度参数设置图

(6) 调整好满意的效果后，单击"确定"按钮，完成制作，效果如图4-45所示。

图 4-45　最终效果图

活动5　使用通道抠取图片

通道的概念是由遮板演变而来的，也可以说通道就是选区。在通道中，以白色代替透明表示要处理的部分（选择区域），以黑色表示不需处理的部分（非选择区域）。因此，通道也与遮板一样，没有其独立的意义，只有在依附于其他图像（或模型）存在时，才能体现其功用。通道与遮板的最大区别，也是通道最大的优越之处在于通道可以完全由计算机来进行处理，它是完全数字化的。

使用通道抠图的操作步骤如下：

(1) 启动Photoshop，打开素材文件夹项目四中的"风扇"素材图片，如图4-46所示。

图 4-46　风扇原图

（2）新建背景副本图层（后面就在副本图层上编辑），如图4-47所示。

（3）单击通道选项（图层左边），分别单击红、绿、蓝通道，选择一个黑白对比明显的通道（蓝色通道），拖动进行复制，如图4-48所示。

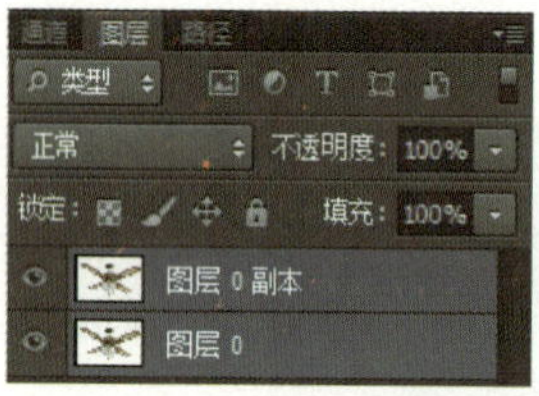

图 4-47　复制图层

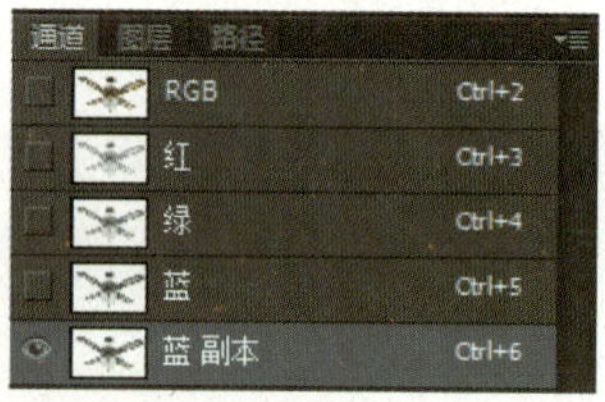

图 4-48　通道图层

（4）选择蓝副本通道，按住“Ctrl+L”键，进行色阶调节，使图片黑白更加明显，也就是黑色越黑，白色越白。色阶调节好以后就得到黑白分明的通道图，如图4-49所示。

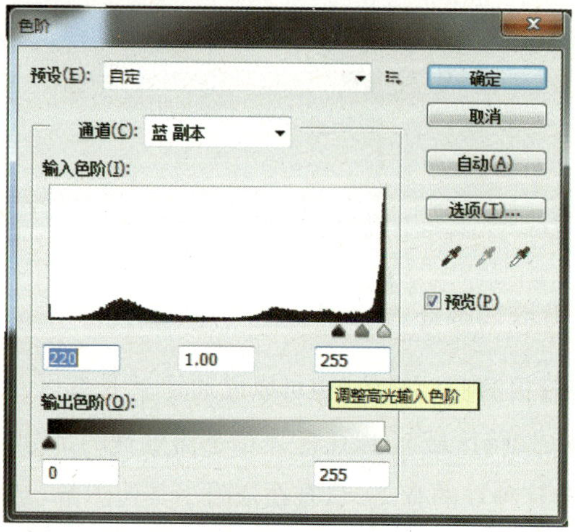

图 4-49　风扇原图

（5）将通道作为选区载入，选择副本通道，单击面板中的“将路径作为选区载入”按钮获得选区，如图4-50所示。

（6）按“Ctrl+shift+I”键反转选区，获得包含对象的选区，回到图层面板，选择背景副本，如图4-51所示。

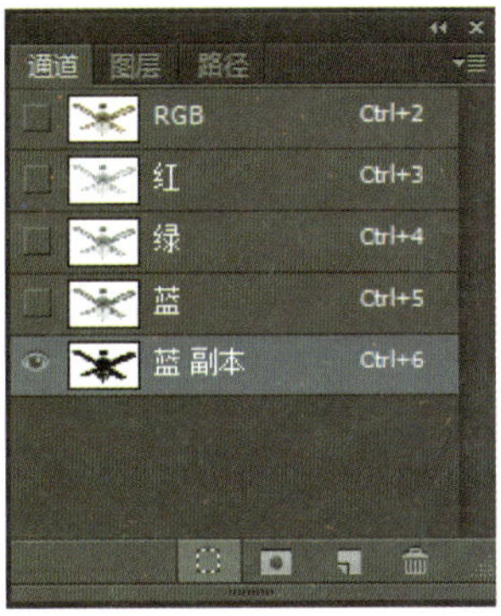

图 4-50　将通道作为选区载入

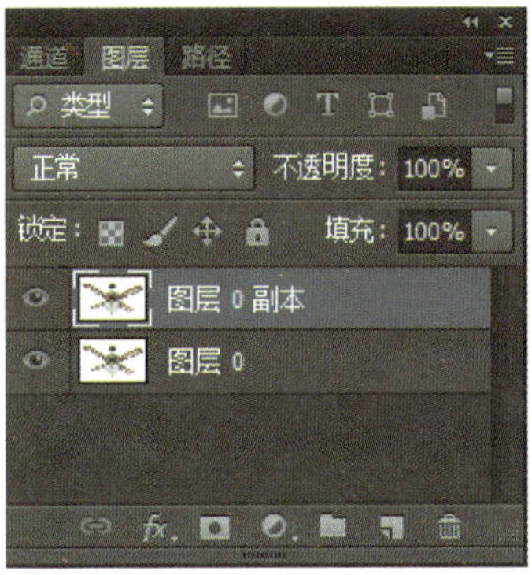

图 4-51　图层 0 副本图层

（7）按住“Ctrl+J”键（通过选区新建图层），新建图层后，隐藏下面的背景图层，图片就完美地被抠出来了，没有任何瑕疵。这就是通道抠图，效果如图4-52所示。

图 4-52　最终效果图

做一做

通过上面的学习，同学们对抠取图像的方法有了一定的了解，请应用上面的方法使用“魔术棒”工具、“磁性套索”工具、“钢笔”工具、“快速蒙版”工具、“通道”工具抠取配套资源库中相应项目练习中的图片。

想一想

请同学们回忆一下本任务中我们学习了哪些知识，可在小组内交流总结，然后把总结出的知识点写在下面的横线上。

[任务四]

NO.4

为照片去水印

◆ 任务描述

有时候，我们从网上找了一张素材图片，但上面有水印，影响使用，如何去掉图片上的水印，从而达到理想的效果呢？下面就介绍几种方便实用的方法。

活动1 使用内容识别功能去除水印

所谓内容识别就是当我们对图像的某一区域执行覆遮填充时，由软件主动分析四周图像的特点，将图像拼接组合后填充在该区域并执行融合，从而达到快速无缝拼接效果。

内容识别

使用内容识别功能去除水印的操作步骤如下：

(1)启动Photoshop，打开素材文件夹项目四中的“捷克钻鞋子”素材图片，如图4-53所示。

(2)用“矩形选区”工具选择背景文字的地方，如图4-54所示。

图 4-53 捷克钻鞋子

图 4-54 “矩形选取”工具选取文字

(3)单击“编辑”→“填充”，出现如图4-55所示的“填充”对话框，选择“内容识别”选项，单击“确定”按钮即可得到如图4-56所示的效果。

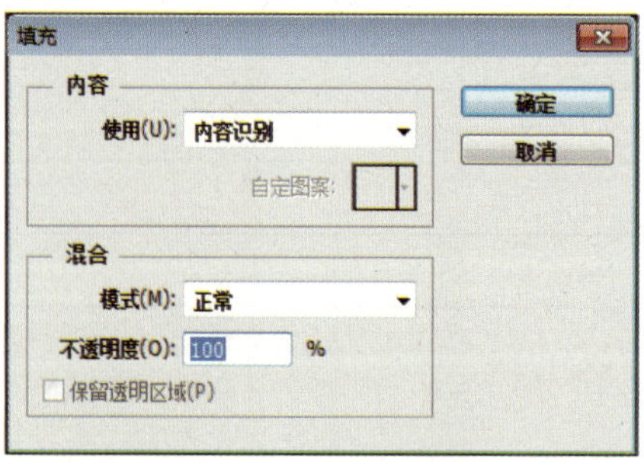

图 4-55 “填充”对话框

图 4-56 最终效果图

活动2　使用“内容感知移动”工具去除水印

“内容感知移动”工具可以实现将图片中多余部分的物体去除，同时自动计算和修复移除部分，从而实现更加完美的图片合成效果。

内容感知移动

使用“内容感知移动”工具去除水印的操作步骤如下：

（1）启动Photoshop，打开素材文件夹项目四中的“粉色钻石”素材图片，如图4-57所示。

（2）选择工具栏中的“修复”→“内容感知移动”工具，选取需要去除的文字，如图4-58所示。

（3）利用鼠标框选要移除的部分，将其拖出图片，效果如图4-59所示。

图 4-57　粉色钻石

图 4-58　选取文字

图 4-59　最终效果图

想一想

同学们，回忆一下本任务中我们学习了哪些知识，可在小组内交流总结，然后把总结出的知识点写在下面的横线上。

____

____

◆ 项目小结

通过本项目的学习，我们掌握了由于各种原因使得照片不够完美而需要处理的方法，掌握用多种工具抠取素材图片以及美化图片的方法。这些方法可以用来提高自己在同类商品卖家中的竞争力，提升销量，引起供货商的重视，以便得到更好的服务和更优惠的条件。

◆ 项目检测

一、填空题

1.去除水印的工具有__________和__________。

2.常见的抠图方法有_________、_________、_________、_________和_________。

3.曲线的作用是____。

4.色调是指____。

5.水印的作用是__________________________________。

二、选择题

1.以下命令中可以选择像素的是（　　）。

A.套索工具　　B.魔棒工具　　C.魔棒工具　　D.羽化

2.以下快捷键方式中可以改变图像大小的是（　　）。

A.Ctrl+T　　B.Ctrl+Alt　　C.Ctrl+S　　D.Ctrl+V

3.在Photoshop中可以改变图像色彩的命令是（　　）。

A.曲线调整　　B.颜色分配表

C.变化调整　　D.色彩范围

4.在编辑一个渐变色彩时，可以被编辑的部分是（　　）。

A.前景色　　B.位置　　C.色彩　　D.不透明度

5.路径工具的作用主要有（　）。

A.改变路径内图像的形状　　B. 在路径中填充色彩

C. 将路径转为选择区域　　D. 使着色工具沿着路径画线

6. 小红同学想将自己的照片进行简单的处理，下列不可能实现此功能的工具是（　　）。

A.Photoshop　　B.我形我速　　C.ACDSee　　D.千千静听

7.诗艺同学从网上下载了若干张荷花的图片，需要对其进行色彩调整、旋转、裁剪、格式转换等处理，下列软件中最合适的是（　　）。

A.Word　　B.ACDSee　　C.Excel　　D.WinRAR

8. 华华需要将爷爷、奶奶珍藏的纸质老照片传输到计算机中，可以采用的方法是（　　）。

A.购买素材光盘　　B.计算机屏幕截图

C.从因特网下载　　D.用扫描仪扫描

9.下列关于图片处理软件的说法，错误的是（　　）。

A.要创作一幅有创意的作品，应根据作品所要表达的主题，选择适当的图片处理工具

B.我形我速软件能将普通的相片处理成精美的艺术作品

C.Photoshop软件采用图层技术处理图片，具有丰富多彩的滤镜技术

D.ACDSee软件不能对图片进行管理及处理

三、简答题

1.什么是色调？色调的分类是什么？

2. 调整商品色调的方法有哪些？

3. 列举几种常见图片的抠取方法。

◆ 项目评价

评价内容	评价情况		
	掌握	基本掌握	没有掌握
调整曝光过度的照片			
处理偏色的照片			
调整照片的饱和度			
处理模糊的照片			
调整图片的色调			
添加图片水印			
添加图片边框			
使用“魔术棒”工具抠图			
使用“磁性套索”工具抠图			
使用“钢笔”工具抠图			
使用快速蒙版抠图			
使用通道抠图			

项目五
设计店铺装修素材

【项目概述】

通过紧锣密鼓的准备工作，小明网店商品的照片已经拍摄并美化完毕，下面小明要进行网店装修素材的设计了。网店的基本装修素材有公告栏、店标、店招、分类按钮、店铺广告、商品展示区、客服中心、宝贝分类和商品描述等。通过合理的设计可以使店铺更具视觉效果，在提升店铺形象的同时还可以让消费者的购买体验更加愉悦。

【学习目标】

+ 了解网店装修素材的基本知识
+ 掌握网店素材制作的基本方法
+ 培养学生吃苦耐劳的敬业精神

[任务一]

NO.1

设计具有视觉冲击力的店标

◆ 任务描述

店标在网络店铺中有着相当重要的地位。无论是国际连锁大品牌，还是小的零售网店，都会有自己独特的店铺标识。店标代表一个店铺的形象，能给顾客留下深刻的印象。所以在制作淘宝店标时要注意：店标代表店铺的风格、产品的特性，同时也可起到一定的宣传作用，富有创意的店标设计，在顾客搜索店铺类目或进行收藏的时候更容易让人记住。

知识窗

淘宝的店标一般在店铺的首页展示，淘宝店标的尺寸为80像素×80像素，店标文件大小不超过80 kB，格式为JPG或GIF，其中JPG为静态图，而GIF为动态图。

ZHISHICHUANG

活动1　认识店标

店标是淘宝店铺的窗口，是店铺整体形象的重要标识，代表着店铺的类型、风格和特征，也可以起到店铺宣传的作用。

1.店标的类型

根据图片的不同显示效果，店标可分为动态店标和静态店标两种。

（1）静态店标：店标的图片是以静态形式呈现，一般这样的店标文件格式为JPG或PNG。

（2）动态店标：店标的图片是以动态形式呈现，能表现出动画的效果，一般这样的店标文件格式为GIF。

2.设计店标的注意事项

一个好的店标能够给人留下深刻的印象，达到宣传的目的，设计时应注意以下几点：

（1）店标简明清晰。店标因为本身的尺寸并不大，所以在设计时内容信息以简单为佳，一般为店名或店铺Logo。

（2）色彩上，可运用对比相对强烈的颜色搭配，使其醒目突出。

（3）一般来说，动态店标比静态店标更具视觉冲击力，但在制作动态店标时动画变换宜以简单为主，不宜太过复杂。

3.实例分析

如图5-1所示，(a)图在设计中排版过于散乱，颜色种类过多，店名文字设计运用了过多的设计效果，反而使其经营范围不够突出；而(b)图中运用了对比比较强烈的颜色，在元素的选择上与宠物店经营相符合，店名文字简单突出的同时又有骨头元素，在文字上与店铺经营内容相呼应，很好地突出了店铺经营范围。

(a)　　　　(b)

图 5-1　店标实例分析

活动2　制作具有视觉冲击力的店标

设计具有视觉冲击力的店标

制作图5-1中(b)图所示的店标操作步骤如下：

(1)启动Photoshop，新建一个尺寸为宽80 px、高80 px的文件。

(2)新建图层，运用工具栏中的“矩形”工具，绘制12个矩形竖条，颜色分别为绿色和黄色，色值为# aba123、# 0b644d。将12个矩形条图层栅格化并合并图层，执行“滤镜”→“扭曲”→“极坐标”→“平面坐标到极坐标”，如图5-2、图5-3所示。

图 5-2　绘制矩形条效果

图 5-3　执行极坐标效果

(3)运用工具栏中的“自定形状”工具，绘制“圆形边框”图形，设置颜色为红色，色值为# 962121，如图5-4、图5-5所示。

(4)载入“素材”→“项目五”→“设计具有视觉冲击力的店标”→“小狗”，运用“钢笔”工具分别勾出小狗的头部和身体部分，分别对“小狗头部”“小狗身体”图层执行“图层样式”→“描边”，设置适当的描边大小参数，颜色为白色，如图5-6所示。

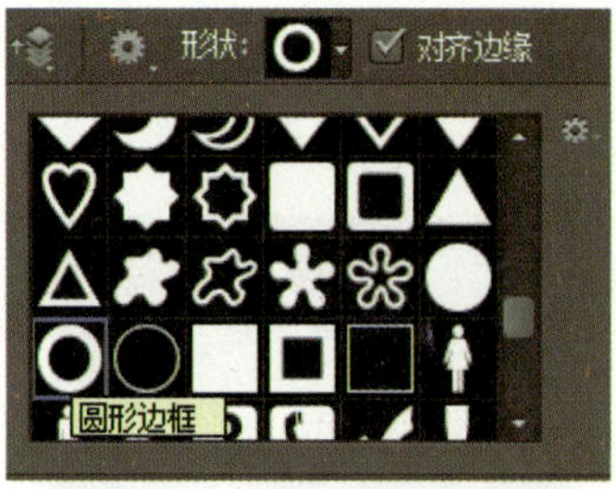

图 5-4　自定形状选择

图 5-5　添加圆环效果

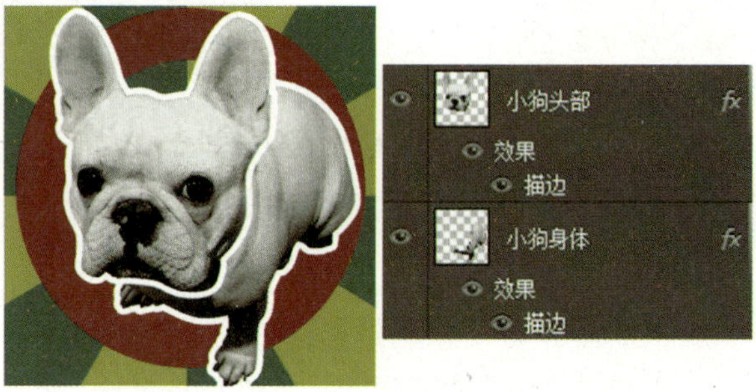

图 5-6　描边效果

（5）选择“圆环”图层，运用“套索”工具选取圆环右侧部分，运用快捷键“Ctrl+J”，复制并新建图层，将此新建图层命名为“圆环部分”，置于“小狗身体”图层上方，如图5-7、图5-8所示。

图 5-7　选取区域示意图

图 5-8　圆环遮挡效果

（6）添加店名文字“小宠之家”，字体为华康广告体，设置适当文字大小，颜色为深红，色值为# b3e4f9。执行“图层样式”→“描边”，设置适当描边大小参数，如13，颜色为深红，色号为# 631111，如图5-9所示。

(7) 运用工具栏中的“椭圆”工具和“钢笔”工具，绘制一个骨头形状元素，设置颜色为浅黄色，色值为# e9ea71。执行“图层样式”→“投影”，适当调整效果参数，如图5-10、图5-11所示。

图 5-9　店名文字效果

图 5-10　狗骨头效果

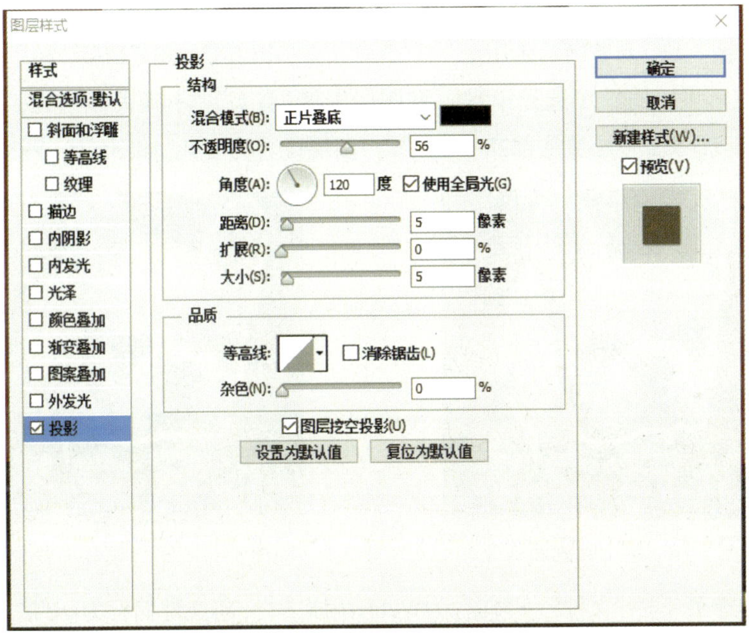

图 5-11　狗骨头投影效果参数参考

(8) 选择“菜单栏”→“窗口”→“时间轴”，打开时间轴界面，创建帧动画，如图5-12、图5-13所示。

图 5-12　时间轴界面

(9) 在 “时间轴”中再新建1帧，如图5-14所示。选择第1帧，在图层中将“骨头”“小狗头部”“底纹”图层分别复制1个图层，命名为“骨头2”“小狗头部2”“底纹2”，修改

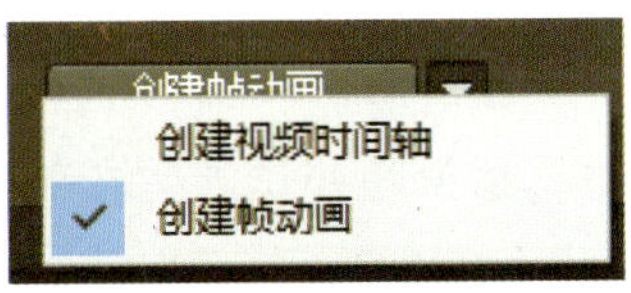

图 5-13　创建帧动画

“底纹2”图层的颜色为# 109281、# e9ea71，运用“自由变换”分别调整“骨头2”“小狗头部2”图层元素角度，设置“骨头2”“小狗头部2”“底纹2”图层为不可见，如图5-15所示。

图 5-14　新建帧示意图

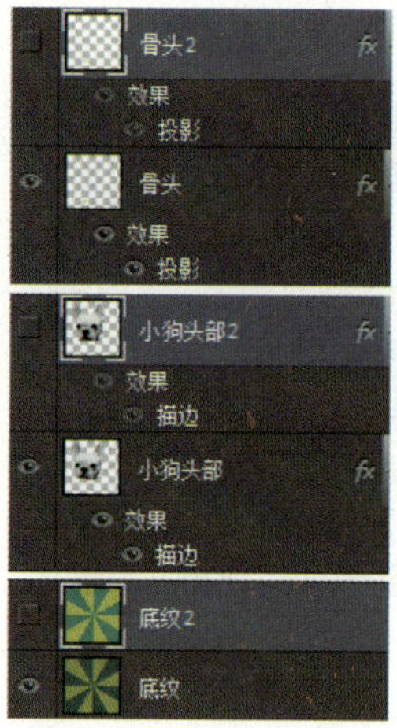

图 5-15　创建图层动画

（10）在 “时间轴”中选择第2帧，在图层中将“骨头”“小狗头部”“底纹”图层设置为不可见，将“骨头2”“小狗头部2”“底纹2” 图层设置为可见，如图5-16、图5-17所示。

图 5-16　第 1 帧画面效果

图 5-17　第 2 帧画面效果

（11）选择菜单栏“文件”→“储存为Web所用格式”，将文件储存为.gif格式。

做一做

通过上面的学习，同学们对店标的制作方法有了一定的了解，请应用上面的方法为“小雨点文具店”设计一个动态店标，并将制作好的店标在课堂上进行展示。

想一想

同学们，回忆一下本任务中我们学习了哪些知识，可在小组内交流总结，然后把总结出的知识点写在下面的横线上。

[任务二]

NO.2

制作店招和导航栏

◆ 任务描述

店招与导航栏都是店铺装修中必不可少的元素。店招是店铺给人的第一印象，而店铺导航栏则是让顾客进店后能快速找到自己所需求的商品，同时店家也可以结合店铺活动添加如“促销专区”之类的导航类别，方便顾客的同时还有提高店铺业绩的作用。

活动1　认识店招和导航栏

店招和导航栏都位于店铺最上方的位置，在设计制作的时候通常可以合为一个整体。

1.店招和导航栏的内容

店招设计在内容上除了展示店铺名称、Logo及店铺宣传语言以外，一般还可以添加“商品搜索”“店铺收藏”等信息，以方便买家更便捷地找到自己所需要的商品。而店铺的导航栏设计主要以实用为主，分类清晰直观。

2.设计店招和导航栏的注意事项

店招与导航栏主要任务为宣传店铺文化、方便顾客购物，在设计时应注意以下几点：

（1）设计整体风格应配合店铺所售商品分类及店铺文化。

（2）所传达文字信息要简单明确，不宜复杂啰唆。

（3）色彩搭配简单明了，对比强烈，信息突出。

3.实例分析

如图5-18所示的饰品网店店招和导航栏，设计元素充分结合国风原创饰品的特征，以水墨风格搭配书法字体，从视觉上第一时间表达了店铺的经营风格。导航栏添加“私人定制”分类，将导航栏与店铺经营特色项目很好地结合起来。

图 5-18　饰品网店店招和导航栏

如图5-19所示的进口水果网店店招和导航栏，设计充分考虑了水果商品特性，选用了能联想到阳光、绿色食品的橙色与绿色系作为主色调，很好地传达了店铺提供绿色新鲜水果的企业文化。运用手绘风格水果图案作底纹，搭配“进口水果全球直购”的宣传语，直观表达了店铺主营类型。导航栏结合鲜果类商品保鲜期比较短的特性分为“新鲜送达”和“特惠商品”两大类别，使顾客能各取所需地进行购物。

图 5-19　进口水果网店店招和导航栏

如图5-20所示的数码商品店招和导航栏，店招设计运用了简洁的风格，使用中性色调的颜色。元素上搭配了零散的拼图元素，增加画面的科技感。导航栏也采取最简洁的方式进行设计，以店铺经营版块类别进行导航分类。

图 5-20　数码商品网店店招和导航栏

活动2　制作店招和导航栏

图 5-21 渐变效果参数设置

制作图5-20中所示店招和导航栏的操作步骤如下：

（1）启动Photoshop，新建一个尺寸为宽950 px、高134 px的文件并填充底色为白色作为店招的底色。新建图层，运用“矩形选区”工具选取矩形长条，为其填充渐变效果，将渐变长条置于画面下方位置，如图5-21、图5-22所示。

（2）运用工具栏中的“自定义形状”工具绘制拼图图案，执行“图层样式”→“渐变叠加”为拼图图案添加与步骤1矩形渐变长条相同的渐变效果，如图5-23、图5-24所示。

图 5-22　店招底部效果

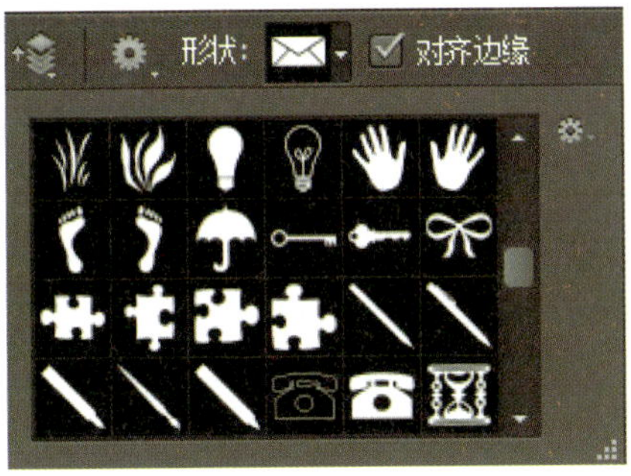

图 5-23　自定义图案选择

图 5-24　店招拼图底纹效果

（3）载入“素材”→“模块五”→“制作店招和导航栏”→“Logo”，运用“自由变换”工具调整Logo大小，将其置于店招左侧。添加文字“多维数码旗舰店”“贴心服务　用心品质”，调整文字大小、间距并置于适当位置，如图5-25所示。

图 5-25　添加 Logo 及店名信息效果

阅读有益

在Photoshop 中，系统自带一些特殊图形，在制作中可以根据自己的需求运用工具栏“自定图形”工具 进行绘制。在默认情况下“自定图形”工具的选择图形面板中只列出其中一部分特殊图形，可以通过单击选择图形界面右上角的 按钮，在打开列表中选择“全部”进行加载。

YUEDUYOUYI

(4) 运用“矩形”工具、“自定形状”工具和“文字”工具制作搜索、收藏和分享图标，将图标置于店招画面右侧适当位置，如图5-26所示。

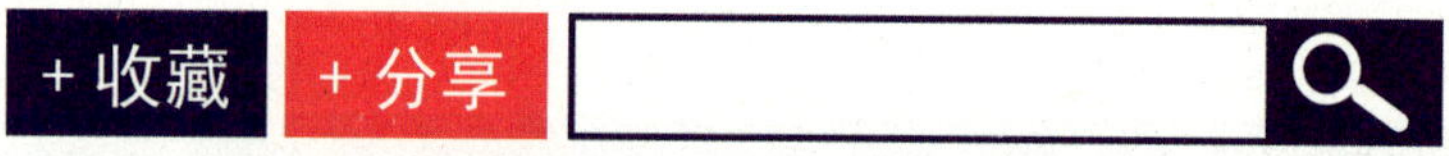

图 5-26　搜索与收藏、分享效果

(5) 在店招下方渐变矩形条上添加导航栏相关文字。运用工具栏中的“自定义”工具绘制白色箭头圆圈图标，置于文字“本店所有商品”右边，该文字下方运用“矩形”工具绘制灰色矩形，色值为# a3a4a5，如图5-27、图5-28所示。

图 5-27　导航栏文字添加

图 5-28　导航栏元素添加

(6) 调整店招和导航栏各元素，完成设计。

做一做

通过上面的学习，同学们对店招和导航栏的制作方法有了一定的了解，请应用上面的方法为“小雨点文具店”设计一个店招和导航栏，并将制作好的店招和导航栏在课堂上进行展示。

想一想

同学们，回忆一下本任务中我们学习了哪些知识，可在小组内交流总结，然后把总结出的知识点写在下面的横线上。

［任务三］ NO.3

制作公告栏

◆ 任务描述

在网店中，公告栏用于发布店铺各项促销信息和店铺购买注意事项等。小明发现在淘宝网中公告栏可以分为两种，一种是系统自带的文字公告栏，一种是经过设计的图片公告栏。文字公告栏虽然也能达到发布信息的作用，但未免单调。经过设计的图片公告栏，文字加图片的方式，更具视觉效果。

活动1　认识公告栏

淘宝店铺公告栏是客户了解店铺的一个窗口，同时也是店铺的一个宣传窗口，充分利用公告栏板块可以让客户更快地了解店铺的基本信息，给客户更便捷的购物体验，从而提高店铺销售额。

1.公告栏的类型

公告栏的常见类型一般有问候型、促销型和导购型3种。

（1）问候型公告：内容一般为一句短小的话，如“小店新开张，欢迎光临！”等。

（2）促销型公告：内容主要以公布店内近期促销情况为主，如“双十一全场优惠，满100元减50元”等。

（3）导购型公告：内容主要以公布店内购物流程须知为主，如“苏沪杭包邮”等。

2.设计公告栏的注意事项

公告栏的核心是向消费者公告信息，在设计时应注意以下几点：

（1）突出公告栏的内容信息，尽量直观明了，切忌使用过多过花哨的装饰元素。

（2）公告栏的设计要符合店铺整体装修风格。

（3）在用色方面，文字和底色可用对比相对强烈的颜色搭配，使其醒目突出，如浅色背景加深色字等。

（4）图片公告栏上文字信息的修改没有单纯文字公告栏方便，所以图片公告栏上的文字尽量为不需要经常修改更新的文字信息。

3.实例分析

如图5-29所示，（a）图在设计中运用了过多的元素和色彩，整体画面中突出了本应该是衬托作用的人物和边框元素，弱化了应该是主体的公告主题和文字内容；在装饰元素色彩比较丰富的情况下，文字依然运用了多种色彩，使得画面色彩太多太花而无法突出主体内容。(b)图为没有经过设计的系统自带公告栏，过于单调，不易吸引顾客。(c)图中运用颜色的冷暖色对比和文字的大小对比，突出了公告栏的主体内容，从而使公告栏美观而实用。

(a)

(b)

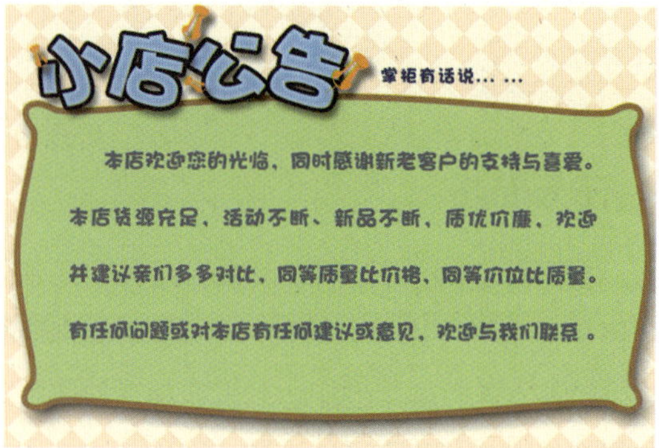

(c)

图 5-29　公告栏实例分析

活动2　制作公告栏

制作图5-29中(c)图所示公告栏的操作步骤如下：

制作公告栏

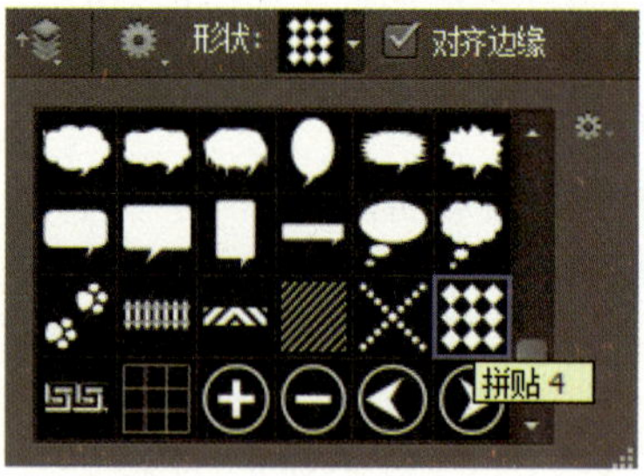

图 5-30　自定义形状选择

(1)启动Photoshop，新建一个尺寸为宽750 px、高500 px的文件，填充底色的色号为# fff8ec。

(2)运用工具栏中的“自定义形状”工具，选择“拼贴4”图案作为公告栏底纹图形，设置颜色为# f6b37f，适当调整底纹图层的不透明度，如30%；绘制多个拼贴元素，将元素进行拼接，如图5-30、图5-31、图5-32所示。

图 5-31　绘制拼贴元素

图 5-32　公告栏底纹效果

（3）运用工具栏中的“自定形状”工具，选择“横幅3”绘制图形，设置颜色为浅绿色，色值为# cce198；执行“图层样式”→“描边”，为描边设置合适的大小参数，如7，添加褐色描边，色值为# ad7e4d；执行“图层样式”→“投影”，为投影调整适当的参数，如图5-33、图5-34、图5-35所示。

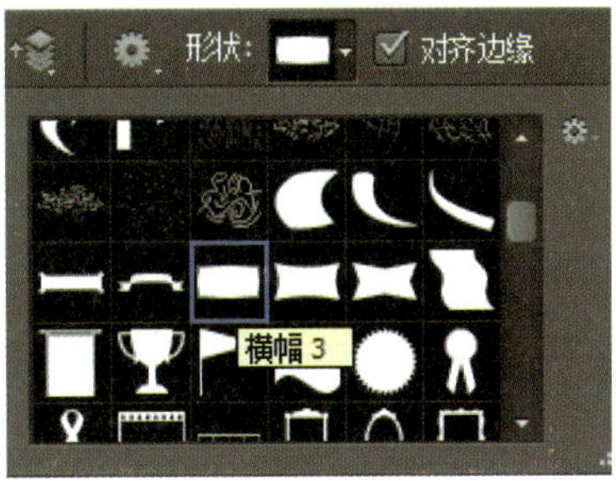

图 5-33　自定形状选择

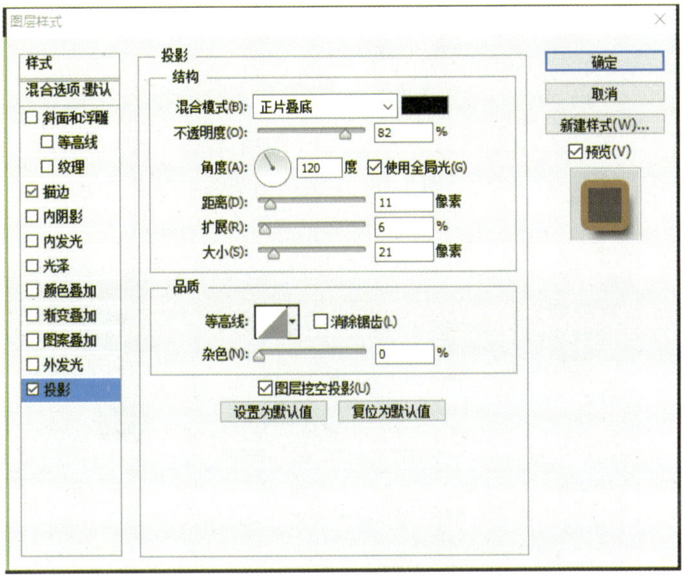

图 5-34　投影效果参数参考

（4）添加文字“小”“店”“公”“告”，字体为华康海报体，设置文字适当大小，如字号90，设置较浅的文字颜色，色值为# 90bfff；执行“图层样式”→“内发光”“投影”，适当调整效果参数；执行“图层样式”→“描边”，设置适当描边大小参数，如5，设置较深的描边颜色，色值为# 20293d，如图5-36、图5-37、图5-38所示。

图 5-35　公告内容框效果

（5）运用工具栏中的“自定形状”工具绘制图钉图形，设置适当颜色，色值为# f39700；执行“图层样式”→“投影”，适当调整效果参数；复制多个图钉图形，运用“自由变换”调整其大小，置于合适位置，如图5-39、图5-40、图5-41所示。

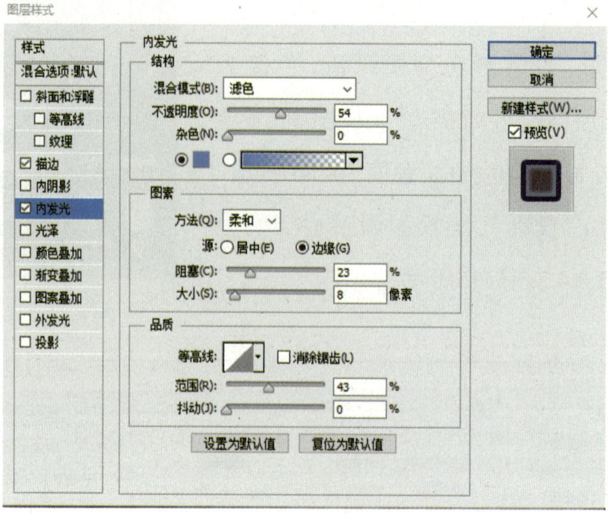

图 5-36　内发光效果参数参考

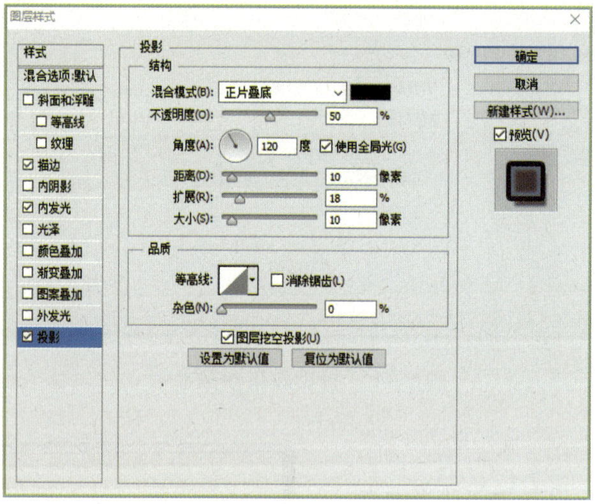

图 5-37　投影效果参数参考

图 5-38　添加标题文字效果

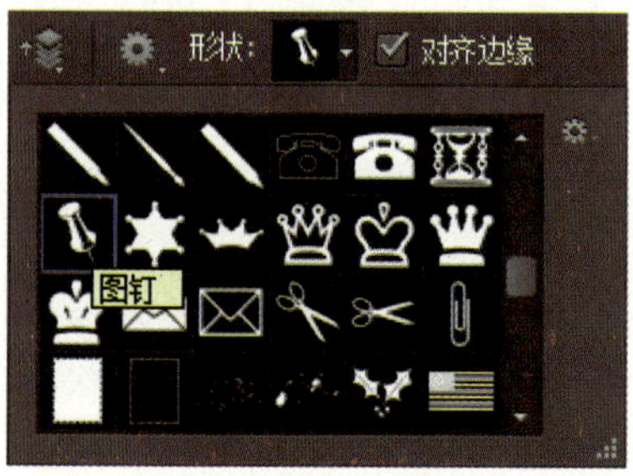

图 5-39　自定图形选择

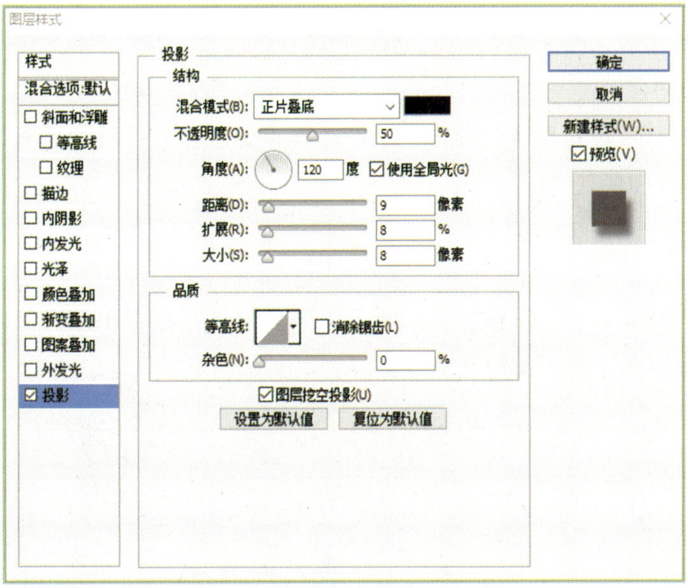

图 5-40　投影效果参数参考

(6)添加文字“掌柜有话说……”，字体为华康广告体，设置文字适当大小和颜色，参数可参考微课视频，如图5-42所示。

图 5-41　标题文字效果

图 5-42　副标题文字效果

(7)添加公告栏正文文字，字体为华康广告体，设置文字适当大小，如字号24，设置适当颜色，色值为# 5b708d，效果如图5-43所示。

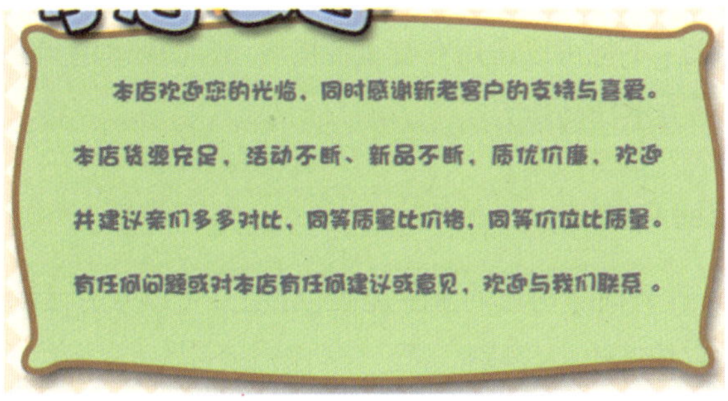

图 5-43　正文文字效果

(8)调整各元素，完成公告栏制作。

做一做

通过上面的学习，同学们对公告栏的制作方法有了一定的了解，请运用上面的制作方法为“小雨点文具店”设计一个新品上市公告栏，并将制作好的公告栏在课堂上进行展示。

想一想

同学们，回忆一下本任务中我们学习了哪些知识，可在小组内交流总结，然后把总结出的知识点写在下面的横线上。

____

____

____

____

[任务四]

NO.4

设计制作店铺广告

◆ 任务描述

在网店的经营中，店铺广告不但能推广宝贝，还能起到店铺装饰的作用。淘宝店铺内广告的运用更是非常广泛，不但可以运用在首页各板块，还可以运用到商品详情页内。一个好的广告可以为店铺销售立下汗马功劳。

活动1　认识店铺广告

淘宝店铺广告是提升商品销量的重要途径，它主要可以分为活动宣传类广告、产品推广类广告和店铺文化宣传广告3大类别。

1.店铺广告的分类

（1）活动宣传类广告：以宣传近期营销活动为主，主要目的是告知促销活动时间和主要折扣信息，内容包括活动主题、活动有效期、活动主要内容等。

（2）产品推广类广告：以推广商品为主，主要以新上市商品、店铺爆款、主推商品等活动力度较大的商品为主，也是一个消除库存商品的有效途径，内容如宣传语、单个商品图片、商品原价现价等折扣信息。

（3）店铺文化宣传广告：以宣传店铺企业文化为主，主要目的是提升店铺企业形象，增强客户信任度，内容如企业文化宣传语、店铺承诺、店铺荣誉等。

2.设计店铺广告的注意事项

（1）设计元素与活动主题或商品信息相结合。

（2）版式规划注重主次，突出重点。

（3）同一广告内色彩尽量不超过5种，避免用色过多，画面混乱。

（4）所需要表达的宣传文案清晰明确。

3.实例分析

如图5-44所示化妆品活动促销广告，设计版式上运用左右对称的对称均衡形式美法则，主题内容文字置于画面中间，整体感较好。如图5-45所示，（a）图主题文字水平摆放给人以平稳、呆板、冷静的感觉，（b）图倾斜的摆放方式给人以活泼、跳跃的感受。由于本案例设计为活动促销广告，在氛围上要有活泼热闹的带动性，所以在版式设计中选择（b）图的排版方式。

图 5-44　化妆品活动宣传广告

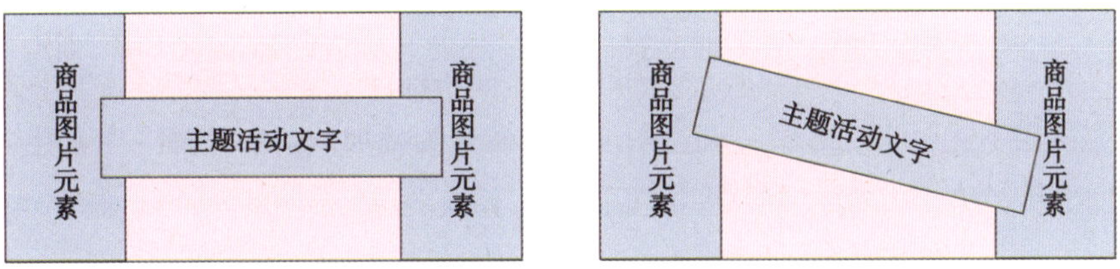

（a）　　　　（b）

图 5-45　板式设计分析

如图5-46所示的剃须刀产品推广广告，该商品为男士使用商品，设计中运用了偏向于男性喜好的冷色调作为主色调，同时蓝色与金色的搭配凸显了商品的科技型，充分突出商品卖点，错落有致的文字排版为版面增加了灵动性。

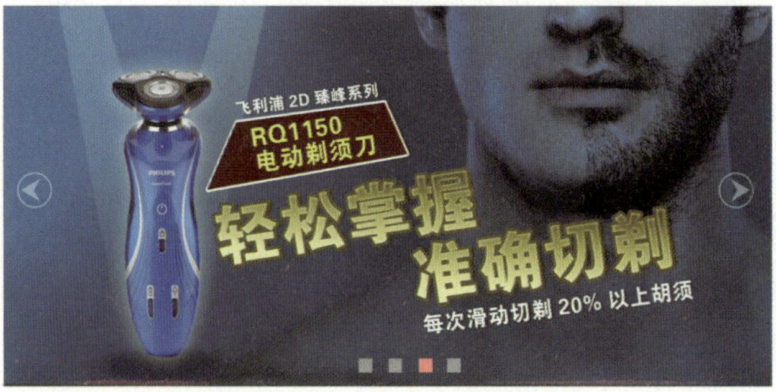

图 5-46　剃须刀产品推广广告

活动2　设计制作店铺广告

制作如图5-46所示剃须刀产品推广广告的操作步骤如下：

（1）打开素材文件夹项目五中的“男性商品类网店”素材图片，选择图层组“公告栏”，运用工具栏中的“矩形”工具绘制一个宽为950 px、高为460 px的深蓝色矩形，色值为# 183a58，如图5-47所示。

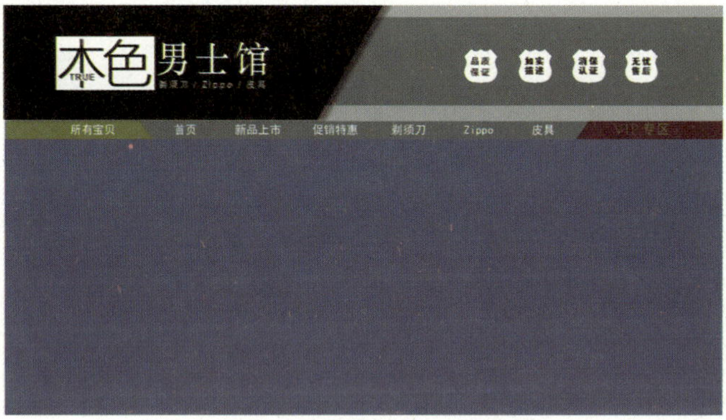

图 5-47　添加公告栏底色

（2）载入“素材”→“项目六”→“男性商品类网店”→“人物”，将其置于画面右下方，适当调整图层不透明度，如90%，调整图层混合模式为叠加，运用“蒙版”工具让人物元素边缘更加柔和；复制一个人物图层，去掉图层蒙版，修改图层不透明度为60%，如图5-48所示。

图 5-48　添加人物元素

阅读有益

在使用Photoshop软件进行图片处理时，经常需要保留一部分图像或者去掉一部分图像，如果直接在画面本身上进行操作，不便于修改。然而运用图层面板下方的“蒙版”▣也可以达到这样的效果。“蒙版”就像遮挡在图层上的一块布，当“蒙版”的灰度色增加时，被覆盖的区域会变得愈加透明，利用这一特性，我们可以用“蒙版”改变图片中不同位置的透明度，甚至可以代替“橡皮擦”工具在蒙版上擦除图像，而不影响到图像本身。

YUEDUYOUYI

（3）新建一个图层，运用“矩形选区”工具选取公告栏画面左侧位置，填充白色，设置图层混合模式为叠加，添加图层蒙版，将矩形生硬的边缘涂抹柔和，如图5-49所示。

图 5-49　添加光亮效果

（4）运用“矩形”工具绘制白色矩形条，运用“直接选取”工具将其修改为上小下大的梯形，适当调整图层不透明度，如20%；添加图层蒙版，运用柔角画笔涂抹矩形下方，使白色矩形条形成由白到透明的渐变效果；复制一个矩形条图层，执行“自由变换”→“水平翻转”，将其置于适当位置，如图5-50所示。

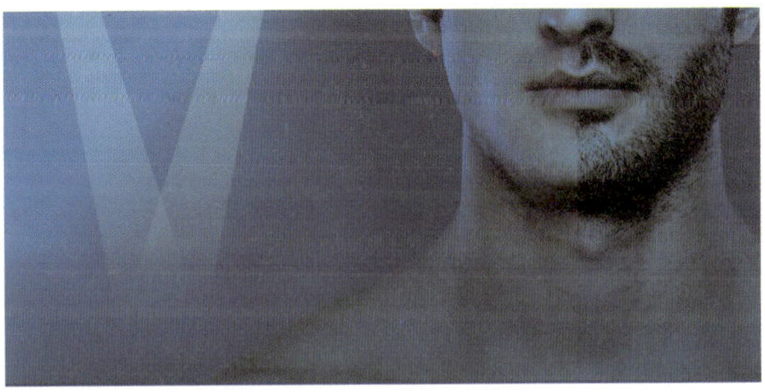

图 5-50　添加白色光束效果

（5）载入已处理好的商品图片元素“素材”→“项目五”→“男性商品类网店”→“飞利浦RQ1150”，执行“图层样式”→“外发光”，适当调整参数；新建图层，运用“画笔”工具在商品元素下方绘制阴影，如图5-51、图5-52所示。

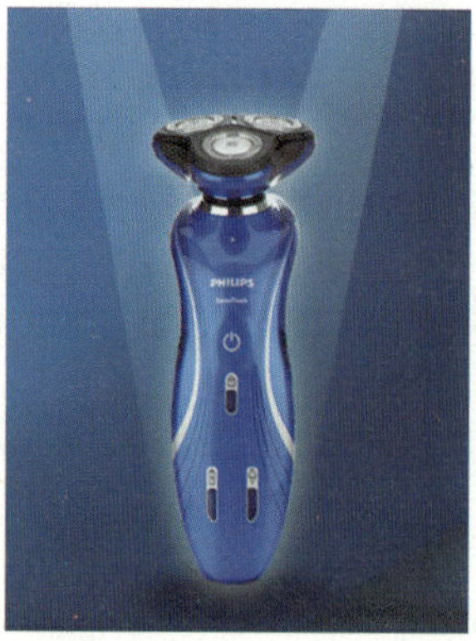

图 5-51　添加商品元素

（6）添加文字“轻松掌握”，执行“图层样式”→“描边”，适当调整描边参数，如描边大小为4，色值为# 695c18；执行“图层样式”→“颜色叠加”，适当调整参数，如混色模式为颜色加深，色值为# f2b85c，不透明度为50%；执行“图层样式”→“内发光”“渐变叠加”“投影”适当调整参数，如图5-53、图5-54所示。

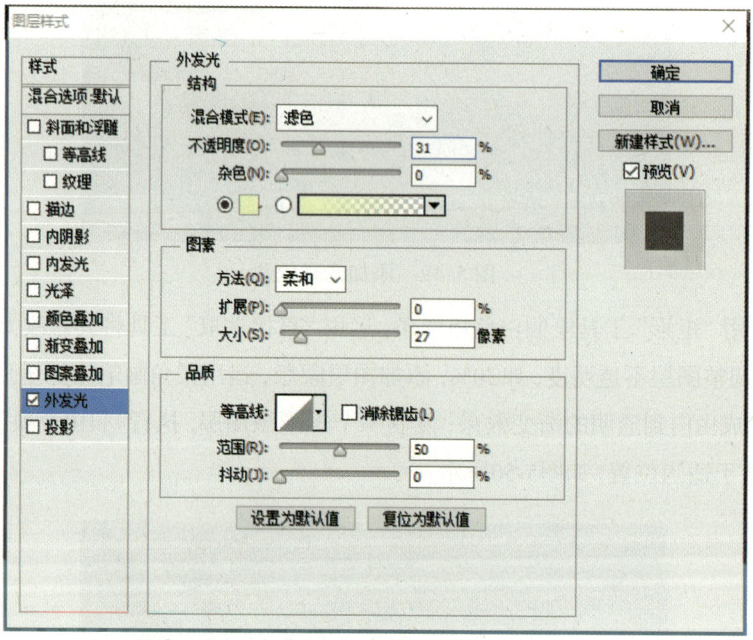

图 5-52　外发光设置参数参考

图 5-53　添加主题文字 1

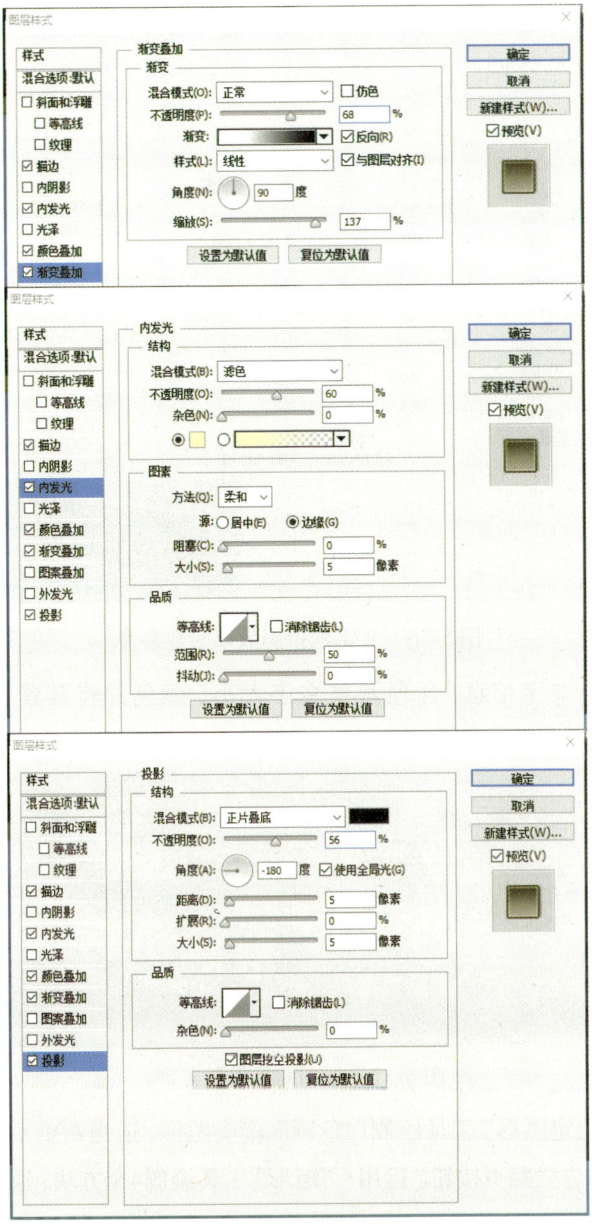

图 5-54　文字效果参数参考

（7）运用步骤6的方法添加文字“准确切剃”，如图5-55所示。

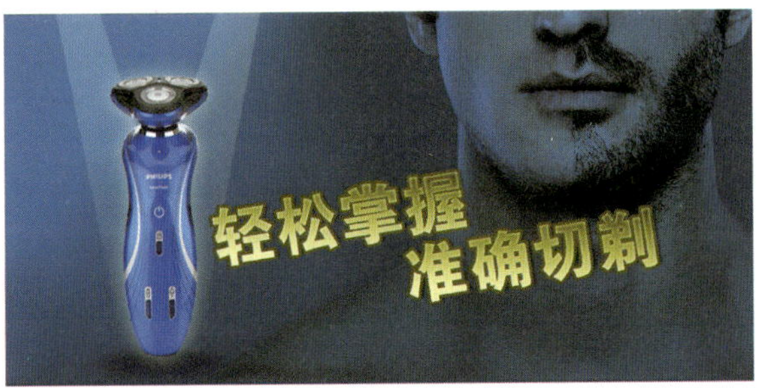

图 5-55　添加主题文字 2

（8）运用 “钢笔”工具绘制深红色不规则梯形，色值为# 581616；执行“图层样式”→“描边”，描边大小为3，颜色为白色；执行“图层样式”→“投影”，如图5-56所示。

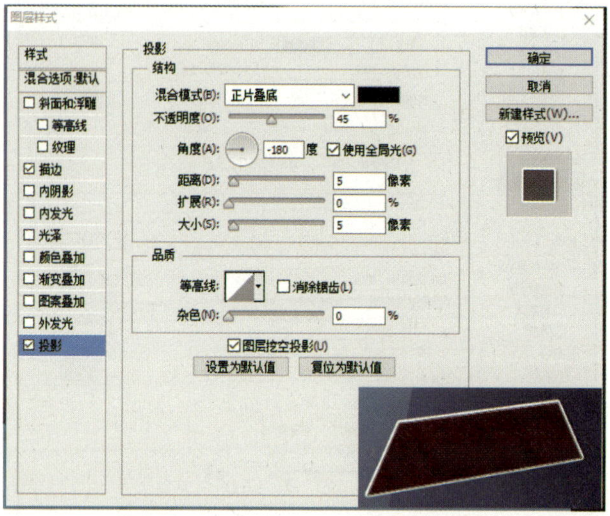

图 5-56　文字框投影效果参数参考

（9）添加其他文字信息，合理调整文字大小、颜色并将其置于适当位置，如图5-57所示。

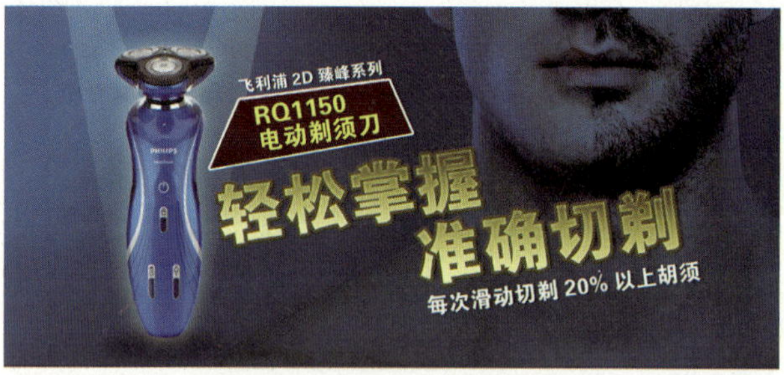

图 5-57　添加商品信息文字

（10）运用 “自定图形”工具绘制白色圆圈箭头图标，适当调整不透明度将其置于画面左右两边，作为广告栏翻页按钮。运用 “矩形”工具绘制4个方块，适当调整矩形大小和颜色，将其并排置于画面下方，作为页面显示标志。

（11）调整各元素位置，完成公告栏设计制作。

做一做

通过上面的学习，同学们对制作商品展示区的方法有了一定的了解，请应用上面的方法为“小雨点文具店”设计一个“双十一促销　买100元返20元”活动店铺广告，并将制作好的店铺广告图片在课堂上进行展示。

想一想

同学们，回忆一下本任务中我们学习了哪些知识，可在小组内交流总结，然后

把总结出的知识点写在下面的横线上。

____

____

____

____

[任务五]

NO.5

制作商品展示区

◆ 任务描述

在网店首页中，宝贝将通过商品展示区来进行展示，商品展示区把商品集中直观地呈现在客户面前。小明发现在制作商品展示区的时候，要将前面所学知识运用到商品展示区的设计中进一步地去衬托商品。

活动1　了解商品展示区

商品展示区是展示店铺内热销商品或推荐商品的重要平台，这些商品不但价格要有吸引力，而且货量还要充足。

1.商品展示的内容

商品展示区板块内一般可以添加如下信息内容：

(1)商品图片、名称、价格等。

(2)折扣券，在商品展示区规划折扣券可进一步促进销售。

2.设计商品展示区的注意事项

好的商品展示区能够很好地衬托商品、准确地表达商品信息，设计时应注意以下几点：

(1)商品图片摆放角度和大小尽量一致、整洁，避免排版凌乱。

(2)用色纯粹，避免过花而不能很好突出商品图片，色调要与店铺主色调合理搭配或者一致。

（3）商品信息表达明显、准确，文字与图片的大小比例合理。

（4）元素运用不宜过多，一切设计以衬托商品为前提。

（5）区域分类合理、清爽，一目了然。

3.实例分析

如图5-58所示的日用品店铺商品展示区，在展示区上部添加了分类快捷按钮，方便顾客按需求找到更多商品；设计中运用色彩将版块划分，同时每个版块的颜色又与分类快捷按钮统一，起到色彩识别的作用。不足之处在于“潮流布艺”版块商品图片摆放角度不一致，相比其他版块显得较凌乱。如果要想版式看起来更整洁，在拍摄商品图片的时候可以让商品的角度和景深尽量一致。

如图5-59所示的鞋类店铺商品展示区，在展示区内添加商品现金券，可在一定程度上提高销售额。简单的版式排列遵循了衬托商品的设计大前提，使商品成为画面中的主体，商品大小、角度尽量统一，使整个版式整洁清爽。

图 5-58　日用品店铺商品展示区

图 5-59　鞋类店铺商品展示区

活动2　制作商品展示区

制作如图5-59所示的商品展示区操作步骤如下：

（1）打开素材文件夹项目五中的“箱包网店”素材图片，选择图层组“商品展示区”，在此图层组中新建一个图层组“折扣券”，运用 “矩形”工具绘制一个矩形，颜色为

c8d223，创建图层蒙版；设置“画笔”工具属性，颜色为黑色，运用“路径选区”工具选取矩形路径，在蒙版中运用“画笔”工具描边路径，如图5-60、图5-61所示。运用“文字”工具添加折扣券文字信息，适当调整文字大小，参数可参考微课视频，如图5-62所示。

（2）运用步骤1方法制作其他折扣券，如图5-63所示。

（3）选择图层组“商品展示区”，在此图层组中新建一个图层组“宝贝推荐”。运用工具栏中的“矩形”工具绘制绿色矩形条，颜色与导航栏底色相同。运用“文字”工具添加文字“宝贝推荐”“+更多”，颜色同矩形条，适当调整文字大小，参数可参考微课视频，如图5-64所示。

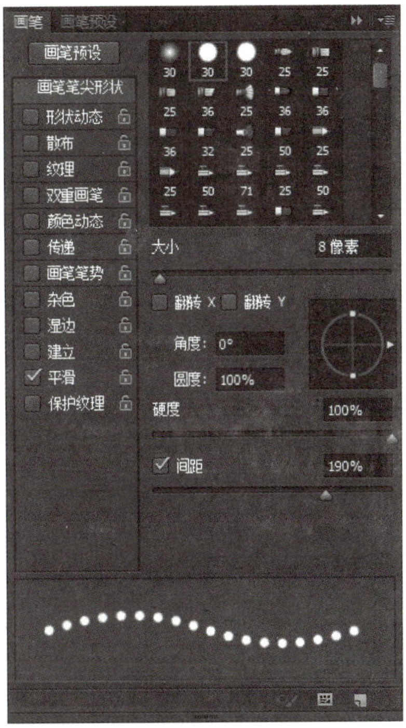

图 5-60　“画笔”工具设置参数

图 5-61　描边路径后矩形效果

图 5-62　折扣券效果

图 5-63　折扣券最终效果

图 5-64　宝贝推荐标题

（4）运用工具栏中的“矩形”工具绘制矩形，设置矩形属性，填充为无色，描边大小为1，描边颜色灰色，色值为# 626262。运用“矩形”工具绘制白色矩形，置于上一个矩形框中间位置，载入已处理好的商品图片元素“素材”→“项目六”→“鞋类网店”→“格子帆布鞋”，运用组合键“Ctrl+Alt+G”创建剪切蒙版，将图片置于白色矩形图形中，如图5-65所示。运用“矩形”工具绘制矩形，颜色为# 84692e，适当调整图层不透明度，如50%。运用“文字”工具添加商品信息文字，适当调整文字大小，参数可参考微课视频，如图5-66所示。

图 5-65　掌柜推荐效果

图 5-66　添加商品信息效果

(5) 运用步骤4的方法，添加其他商品信息，如图5-67所示。

图 5-67　宝贝推荐效果

(6) 调整各元素位置，完成商品展示区制作。

做一做

通过上面的学习，同学们对制作商品展示区的方法有了一定的了解，请应用上面的方法为“小雨点文具店”设计商品展示区模板，并将制作好的商品展示区图片在课堂上进行展示。

想一想

同学们，回忆一下本任务中我们学习了哪些知识，可在小组内交流总结，然后

把总结出的知识点写在下面的横线上。

[任务六] NO.6

制作漂亮的商品分类按钮

◆ 任务描述

在网络店铺中，商品分类按钮用于店铺中宝贝的分类，便于买家更便捷地找到自己需要的商品。在淘宝网中，商品分类分为两种：一种是系统自带的文字分类；一种是通过设计的图片分类。在本次任务中，我们可以了解如何设计制作一个图片特殊效果的分类按钮。

制作漂亮的商品分类按钮

知识窗

在设计分类按钮时要注意突出分类文字，文字和按钮底色不宜太接近。在色彩搭配中，我们可以运用色彩的补色对比来进行设计。

常见十二色相环补色：黄—紫、黄橙—青紫、橙—青、红橙—青绿、红—绿、紫红—黄绿。

ZHISHICHUANG

活动1　了解商品分类按钮

商品分类按钮是店铺商品分类的按钮链接，通过商品分类按钮，客户可以便捷地在店铺内找到自己需要的商品，是淘宝店铺装修的重要元素之一。

1.商品分类按钮的类型

根据商品分类的设计内容，商品分类按钮可以分为文字型按钮和图片型按钮。

（1）文字型按钮：文字信息本身就是按钮链接，单击文字即可进入该分类页面。

（2）图片型按钮：按钮链接为一个单独设计过的图片元素，单击图片元素即可进入该分类页面。

2.设计商品分类按钮的注意事项

商品分类按钮以方便客户购物为主要目的，设计时应注意以下几点：

（1）分类信息明确，文字信息准确，字数不宜过多。

（2）适当运用对比相对强烈的颜色搭配，使按钮更加简明醒目。

（3）设计时可结合店铺装修风格，进一步提升店铺整体形象。

（4）设计淘宝分类按钮时要注意：宽度不能超过150 px。

3.实例分析

如图5-68所示，（a）（b）两图都是热销商品分类按钮，（a）图按钮底色虽然简单，但文字过多、排列过密，文字的描边效果不但未能突出文字反而使得文字信息不够清晰。（b）图中将英文“HOT”放至在左边位置，加上火的图形元素，更好地烘托了商品热卖氛围，汉字精简为“热销商品”4个字，运用蓝色与黄色的对比关系，充分突出了分类文字内容。

（a）　　（b）

图 5-68　分类按钮实例分析

活动2　制作漂亮的商品分类按钮

制作图5-68中（b）图所示的商品分类按钮操作步骤如下：

（1）启动Photoshop，新建一个尺寸为宽455 px、高165 px的文件。

图 5-69　按钮的基本形状

（2）设置前景色为浅黄色，色值为# fff726。运用“圆角矩形”工具绘制圆角矩形图，运用“钢笔”工具和“直接选取”工具调整圆角矩形节点，得到按钮的基本形状，如图5-69所示。

（3）通过“图层样式”，添加“斜面和浮雕”“内阴影”“内发光”“光泽”，适当调整效果参数，如图5-70、图5-71、图5-72、图5-73所示。

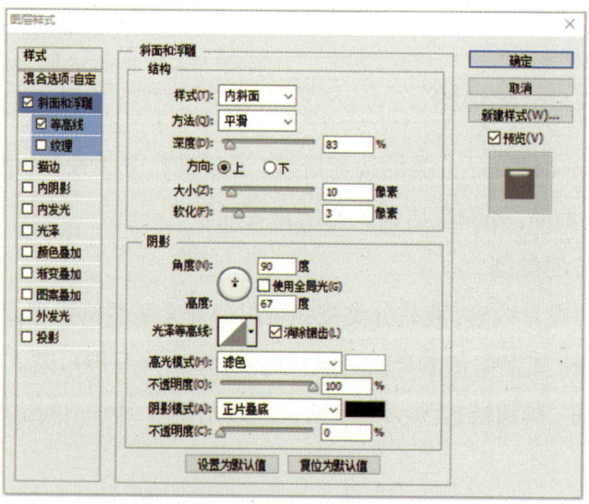

图 5-70　斜面和浮雕设置参数参考

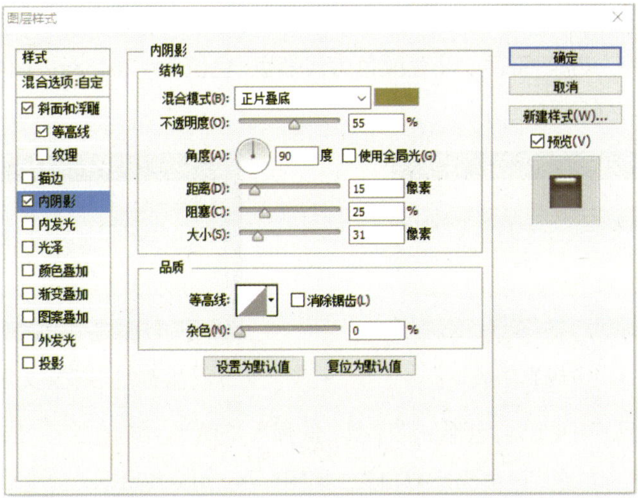

图 5-71 内阴影设置参数参考

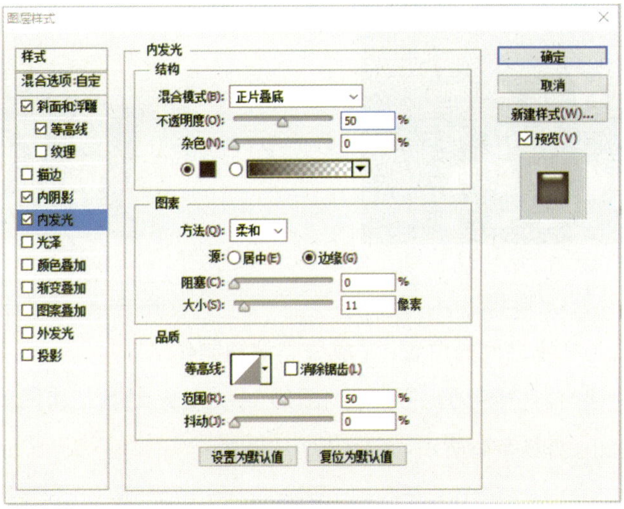

图 5-72 内发光设置参数参考

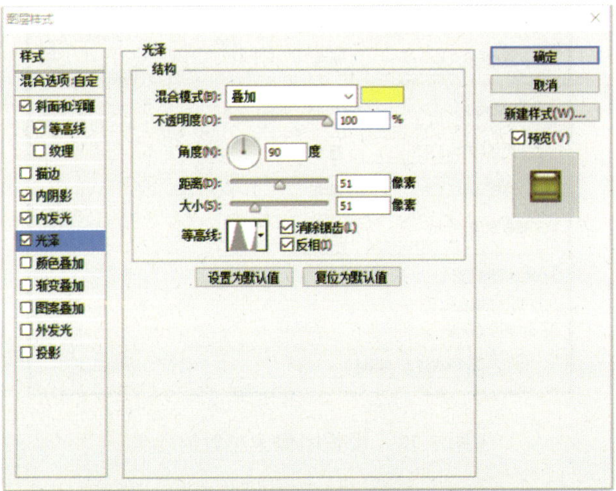

图 5-73 光泽参数参考

(4) 通过以上“图层样式”的设置，制作出按钮的特殊光泽效果，如图5-74所示。

(5) 添加文字“热销商品”，设置颜色为浅蓝色，色值为# 26458a，字体为粗特宋简体，字号为50，如图5-75所示。

图 5-74　按钮光泽效果

图 5-75　添加文字效果

(6) 运用工具栏中的“自定形状”工具，选择火焰图形，结合文字“hot”制作出热卖标志，设置标志颜色深红色，色值为# 921d22，如图5-76、图5-77所示。

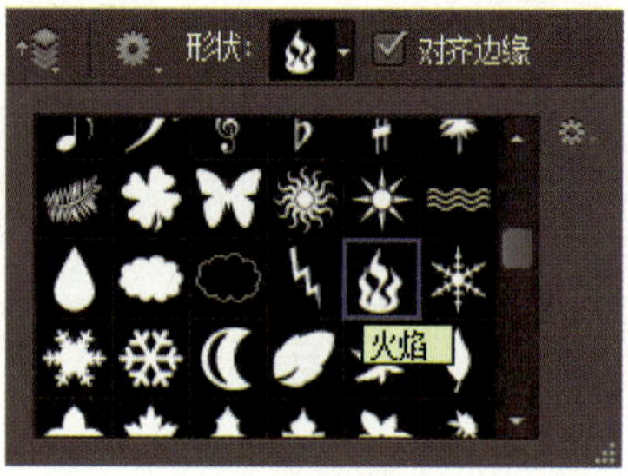

图 5-76　“自定形状”工具选择

图 5-77　促销标志效果

(7) 调整标志与文字之间的位置，完成分类按钮制作。

(8) 发布图片前，合并所有图层，执行“图形”→“图像大小”，将图像大小设置为符合淘宝网站要求的大小，如图5-78所示。

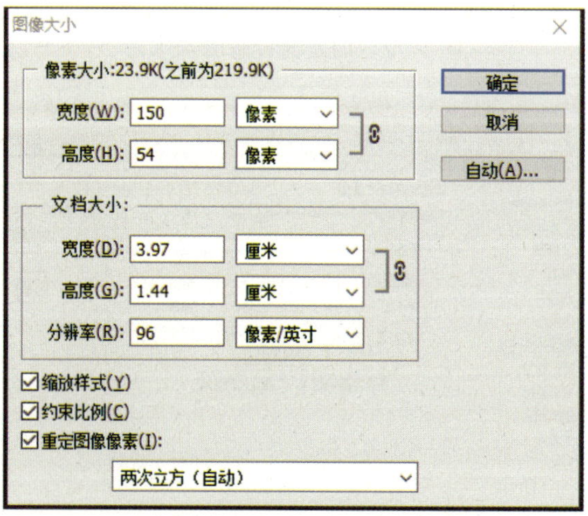

图 5-78　设置图像大小数值参考

做一做

通过上面的学习，同学们对制作分类按钮的方法有了一定的了解，请应用上面的方法为“小雨点文具店”设计“店长推荐”分类按钮，并将制作好的按钮图片放在课堂上进行展示。

想一想

同学们，回忆一下本任务中我们学习了哪些知识，可在小组内交流总结，然后把总结出的知识点写在下面的横线上。

____

____

____

____

[任务七]

NO.7

制作店铺收藏标识、客服中心和宝贝分类

◆ 任务描述

一个完整的淘宝店铺不但有前面介绍的一些大的板块，还有一些小的但同样重要的小板块和标识。下面小明和大家一起来了解这些小元素，以便让网店更加的完善。

活动1　了解店铺收藏标识、客服中心和宝贝分类

收藏标识是用于顾客收藏店铺的便捷方式，一般在店铺的多个地方均有此标识，方便顾客对店铺进行收藏。

客服中心是顾客与在线客服进行沟通联系的窗口。

宝贝分类与导航栏的作用一样都是便于顾客找到所需商品的分类，不过宝贝分类的分类项目更加详细。

1.客服中心的内容及宝贝分类的类别

客服中心一般需要如下信息内容：店铺营业时间、在线售前服务和售后服务人员

列表。

宝贝分类按不同要求可以分出不同的类别，如按上新时间分类、按商品类别分类、按价格分类、按浏览量分类、按规格分类等。

2.设计收藏标识、客服中心和宝贝分类的注意事项

（1）标识的设计一般均以简洁醒目为主，不需要过多的元素和文字。

（2）客服中心和宝贝分类这两个板块主要以文字排版配合少量元素设计为主，其重点是板块内提供的文字信息，在设计时一般结合店铺整体风格进行设计，以强化店铺的整体形象。

3.实例分析

如图5-79所示的饰品网店收藏标识、客服中心和宝贝分类，在设计中充分遵循了店铺整体的中式风格，文字排版上也使用了中式传统的竖式排版。同时“收藏标识”和“客服中心”“宝贝分类”两个板块的标题栏都运用了同样的印章元素进行设计，通过相互之间的元素呼应，提升了店铺装修的整体性和风格化。

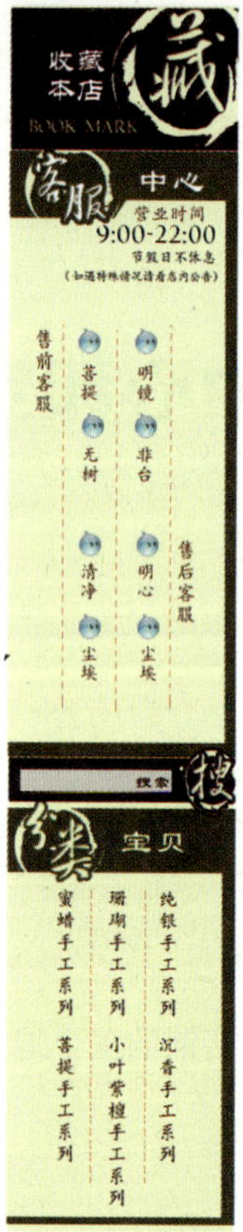

图 5-79 饰品网店收藏标识、客服中心和宝贝分类

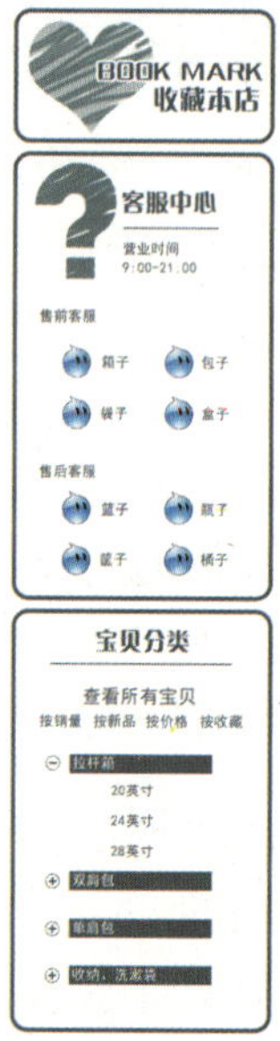

图 5-80 箱包网店收藏标识、客服中心和宝贝分类

如图5-80所示的箱包网店收藏标识、客服中心和宝贝分类，设计以简单的文字排版为主，信息清晰版面整洁。宝贝分类结合了商品种类及规格，不但为顾客提供购物的便捷，同

时也为店铺提高了商品销售额。

活动2　制作收藏标识、客服中心和宝贝分类

制作图5-80的收藏标识、客服中心和宝贝分类操作步骤如下：

（1）打开Photoshop，新建3个图层组，分别为“店铺收藏”“客服中心”“宝贝分类”。

（2）选择图层组“店铺收藏”，在组内新建图层，运用工具栏中的“圆角矩形”工具绘制矩形，设置图形属性，填充为无、描边颜色为# 386a81、描边大小为2，如图5-81所示。

图 5-81　收藏标识底色

（3）运用工具栏中的“自定义形状”工具绘制心形图形，颜色为白色，在心形图层上新建一个图层“涂鸦”，运用组合键“Ctrl+Alt+G”为“涂鸦”图层添加剪切蒙版，并在涂鸦图层上运用“画笔”工具绘制涂鸦效果，颜色为# 5f879a，如图5-82所示。

图 5-82　绘制心形元素

（4）添加文字“收藏本店”“BOOK MARK”，字体为方正粗倩体，字号为11，颜色为# 386a81，如图5-83所示。

图 5-83　收藏标识效果

（5）选择图层组“客服中心”，载入“素材”→“项目五”→“箱包网店”→“淘宝在线”，运用制作“收藏标识”的方法制作“客服中心”板块，如图5-84所示。

（6）选择图层组“宝贝分类”，运用工具栏中的“圆角矩形”工具、“矩形”工具、“自定义形状”工具、“文字”工具，参考上述方法制作“宝贝分类”栏，如图5-85所示。

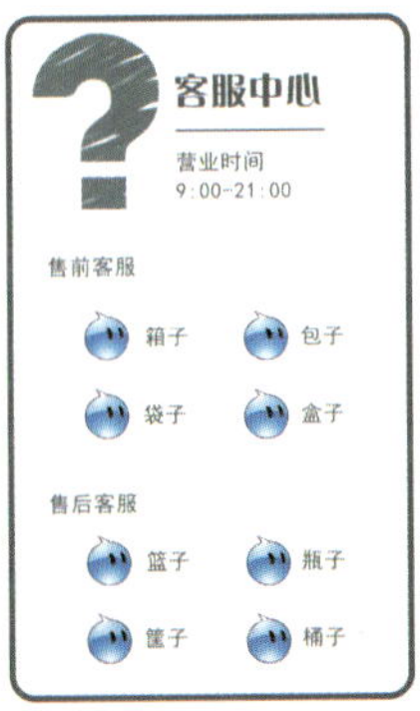

图 5-84　客服中心效果

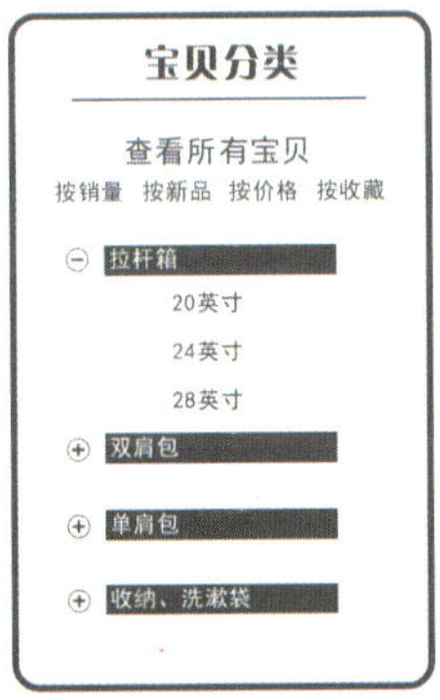

图 5-85　宝贝分类效果

做一做

通过上面的学习，同学们对制作店铺收藏、客服中心、宝贝分类的方法有了一定的了解，请应用上面的方法为“小雨点文具店”设计一套“店铺收藏”“客服中心”和“宝贝分类”，并将制作好的设计图片在课堂上进行展示。

想一想

同学们，回忆一下本任务中我们学习了哪些知识，可在小组内交流总结，然后把总结出的知识点写在下面的横线上。

____

____

____

____

[任务八]

NO.8

制作商品描述模板

◆ 任务描述

网上购物主要是通过看图片信息来进行交流，所以一个好的网店商品描述就显得尤为重要，它能直观展示商品各项信息，让买家快速地了解产品，对商品的成功销售起着重要的作用。

活动1　认识商品描述

商品描述及商品详情，是店铺中用来展示和说明所售卖商品的属性、材料、规格、实物照片等信息的板块。

1.商品描述的内容

商品描述板块一般需要如下信息内容：

（1）店铺活动信息：一般为宣传促销活动内容，起到刺激消费的作用。

（2）商品展示信息：一般为商品整体照片和细节图等，方便客户了解商品外观。

（3）商品描述信息：一般为商品属性、材质、规格等具体参数，方便客户了解商品性能。

（4）买家须知信息：如包邮信息、退换货程序等，提前告知客户在购买过程中的一些问题。

（5）联系信息：方便客户在有疑问时及时与店家取得联系。

2.设计商品描述模板的注意事项

一个好的商品描述应该让客户的购物体验更加便捷轻松，节省购物时间，设计时应注意以下几点：

（1）商品主图的视觉效果要简单明了，将商品的亮点突出即可，避免过多的文字修饰对整体画面造成影响。

（2）尽可能多地展现商品的细节，这对提升用户体验有重大意义。

（3）模板设计要避免过于复杂花哨，以能突出商品主图、符合店铺定位为主。

（4）对于网络商家来说，如何通过一款商品带动起整家店铺的销量是非常关键的。所以，在商品描述模板中，可以适当添加与该商品相关联的其他商品，从而带动整个店铺的销售。

3.实例分析

如图5-86所示，（a）图为未经设计过的宝贝商品描述，（b）图为通过设计后的商品描述，对比两种商品描述我们不难看出，虽然（a）图也能够通过文字的描述来表达出商品各方面的信息，但显得很单调乏味；而（b）图通过设计，使元素、图片、文字相互呼应、衬托，不但板块分割明确，图文搭配的形式也使得网络消费者能够更直观地去了解商品，从而提高商品的转化率。

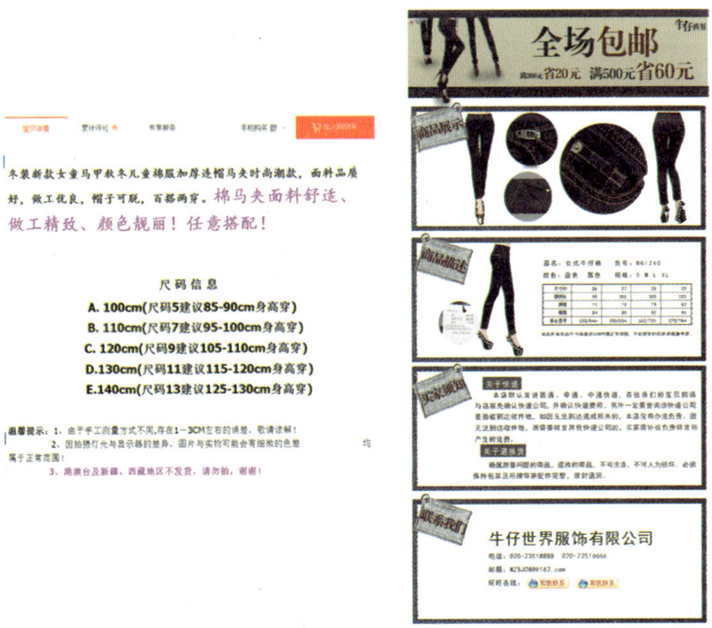

（a）　　　　　　　　（b）

图 5-86　商品描述模板实例分析

活动2　制作商品描述模板

图 5-87　促销信息底色

本次任务为设计制作牛仔裤的商品描述模板，为了强调牛仔这一材质，在整个设计中使用了不同色调的牛仔布元素作为底色和标识牌，让商品描述模板与商品完美关联起来。色彩运用饱和度比较低的颜色搭配来体现牛仔裤的朴实感和生活化。

制作图5-86（b）所示的商品描述模板操作步骤如下：

（1）启动Photoshop，新建一个尺寸为宽750 px、高1 500 px的文件，设置前景色为白色。

（2）新建名为“促销信息”的图层组，在组内进行促销信息板块设计。运用“矩形选取”工具选取一个矩形区域，填充颜色为米黄色，色值为# d0c6a2，如图5-87所示。

（3）载入“素材”→“项目五”→“制作商品描述模板”→“牛仔底纹”，截取长条形牛仔元素边条置于促销信息板块的上方和下方，如图5-88所示。

图 5-88　促销信息边条效果

（4）添加文字“全场包邮”，字体为方正小标宋，字号为59，文字“全场”颜色为蓝色，色值为# 0f1724；文字“包邮”为深红色，色值为# 620a13，将文字置于合适位置，如图5-89所示。

图 5-89　包邮信息文字效果

（5）添加文字“满200元省20元”“满500元省60元”，字体为方正小标宋，文字“满200元”字号为12，“满500元”字号为24，颜色为蓝色，色值为# 0f1724；文字“省20元”字号为23，“省60元”字号为36，颜色为深红色，色值为# 620a13，将文字置于合适位置，如图5-90所示。

图 5-90　折扣信息文字效果

（6）载入“素材”→“项目五”→“制作商品描述模板”→“Logo”，为促销信息添加店铺Logo，如图5-91所示。

图 5-91　添加 Logo 效果

（7）载入“素材”→“项目五”→“制作商品描述模板”→“人物元素”，运用“魔术棒”工具去掉元素图片背景，运用“选取”工具和“移动”工具将人物单个选出，运用“自由变化”工具调整各个元素的大小和位置，如图5-92所示。

图 5-92　添加人物展示效果

（8）新建图层，将图层置于人物图层下方，运用“柔角画笔”工具为人物添加阴影效果，为了使得阴影效果更加自然，可适当调整图层不透明度，如55%。适当调整版面中各元素位置完成促销信息板块的制作，如图5-93所示。

图 5-93　促销信息效果

（9）新建名为“商品展示”的图层组，打开“素材”→“项目五”→“制作商品描述模板”→“牛仔底纹”，运用“矩形选取”工具选取出牛仔边框，如图5-94所示。

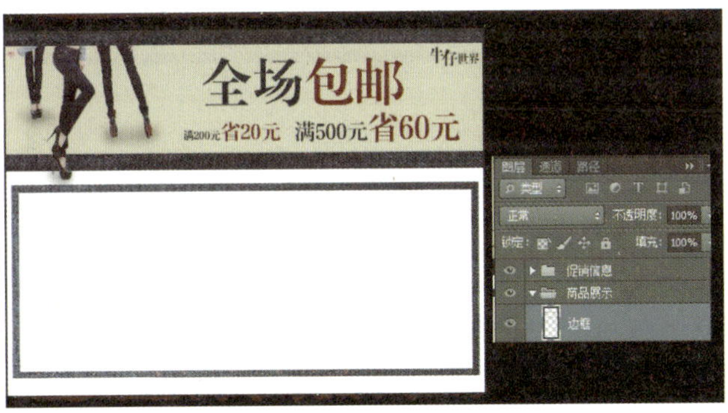

图 5-94　边框效果

（10）打开“素材”→“项目五”→“制作商品描述模板”→“牛仔补丁”，运用“魔术棒”工具去除元素底色，调整到合适大小和位置，如图5-95所示。

图 5-95　添加牛仔补丁效果

图 5-96　添加螺丝效果

（11）打开“素材”→“项目五”→“制作商品描述模板”→“螺丝元素”，运用“椭圆选取”工具选取一颗螺丝，调整到合适大小和位置，如图5-96所示。

（12）输入文字“商品展示”字体为方正小标宋，调整合适大小，设置颜色为深红色，色值为# 620a13。文字图层添加“图层样式”→“描边”效果，设置适当描边参数，如图5-97所示。

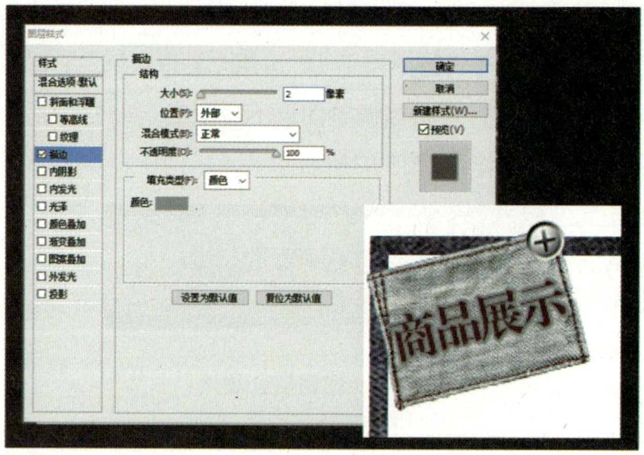

图 5-97　添加文字效果及参数参考

（13）适当调整各元素位置，完成商品展示板块，如图5-98所示。

图 5-98　商品展示模板效果

（14）载入已处理好的商品图片“素材”→“项目五”→“制作商品描述模板”→“牛仔裤”内相关图片，将其置于合适位置；运用“椭圆图形”工具绘制圆形，将商品细节图片置于圆形内，如图5-99所示。

图 5-99　商品展示板块效果

（15）运用制作“商品展示”板块的方法，制作“商品描述”模板。载入已处理好的图片“素材”→“项目五”→“制作商品描述模板”→“牛仔裤”内相关图片，添加商品描述文字，如图5-100所示。

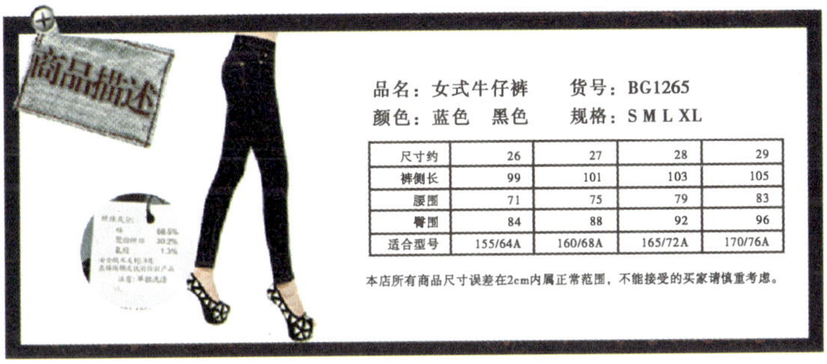

图 5-100　“商品描述”板块效果

（16）运用制作“商品展示”板块的方法，制作“买家须知”模板，添加商品描述文字，如图5-101所示。

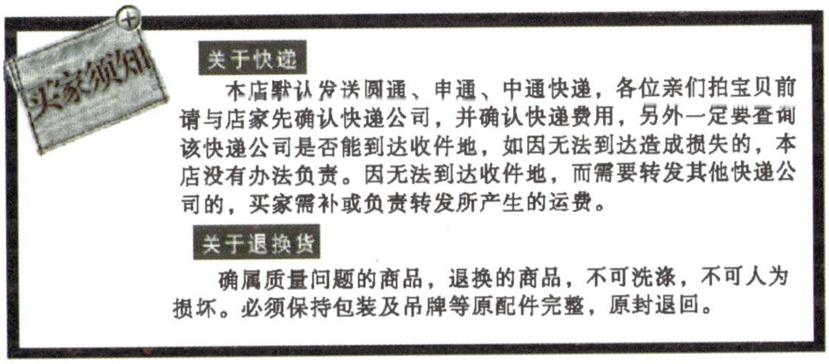

图 5-101　“买家须知”板块效果

（17）运用制作“商品展示”板块的方法，制作“联系我们”模板，添加店铺联系方式信息文字，载入已处理好的图片“素材”→“项目五”→“制作商品描述模板”→“牛仔裤”→“和我联系”，如图5-102所示。

（18）适当调整版面中各元素的位置，完成商品描述模板设计。

图 5-102 “联系我们”板块效果

做一做

通过上面的学习，同学们对制作商品描述模板的方法有了一定的了解，请应用上面的方法为“小雨点文具店”设计一套商品描述模板，并将制作好的商品描述模板在课堂上进行展示。

想一想

同学们，回忆一下本任务中我们学习了哪些知识，可在小组内交流总结，然后把总结出的知识点写在下面的横线上。

阅读有益

对于网络商家来说，如何通过商品描述提升商品乃至整个店铺的销量非常关键。不过，在商品描述中我们一定要遵循“商品如实描述”的原则。俗话说：“人无信则不立”，伟大的思想家孔子也曾说：“人而无信，不知其可”，可见“有信”是做人的根本。我们在日常生活和学习，乃至以后的职场生涯中都不能抛开诚信。

YUEDUYOUYI

◆ 项目小结

通过本项目的学习，我们了解到了无论是网店公告栏、店招、分类按钮还是商品描述，它们的最终目的都是为店铺的销售服务，在设计时一定要以商品为主角，切忌喧宾夺主；掌握了运用Photoshop软件在制作网店公告栏、店招、分类按钮和商品描述模板的基本方法，为小明进一步开设一个完整主题的店铺奠定了基础。

◆ 项目检测

1.请为儿童服装店设计一个公告栏，要求内容清晰，设计风格适合童装网店使用。

2.请为“妙妙鲜”鲜果网店设计一个动态店标，要求设计新颖，富有标志性。

3.请设计一套金属风格的分类按钮，要求分类项目文字突出，金属风格强烈且具有设计感。

4.请为“韩乐购”护肤品网店设计一个商品描述模板，要求板块设计合理，风格适合护肤品网店使用。

◆ 项目评价

评价内容	评价情况		
	掌握	基本掌握	没有掌握
网店公告栏的基本制作方法			
网店店招的基本制作方法			
网店分类按钮的基本制作方法			
网店商品描述模板的基本制作方法			

项目六

综合实例分析

【项目概述】

我们跟随小明学习了如何去处理商品图片和设计网店元素的技巧，现在我们准备学习各种类型网店的装修，为将来自己开店打下基础。

【学习目标】

+ 了解不同类别网店的装修风格知识
+ 掌握不同类别网店的装修方法
+ 培养学生互帮互助的团队合作意识

[任务一]

NO.1

装修美容化妆网店

◆ 任务描述

在电子商务高速发展的今天，美容化妆品类网店各式各样，品种繁多，有销售单一品牌的店铺，也有销售多品牌、多渠道商品的店铺。一个成功的美容化妆品类网店，在品牌上要多样化，产品结构可以低、中、高档搭配，国际、国内品牌混合经营，以满足消费者的不同需求，如图6-1所示。本任务以“她他美容”网店为例，讲解美容化妆网店的设计思路。

图 6-1 美容化妆网店装修设计

活动1　美容化妆网店版式及内容规划

消费者在购买美容化妆品时往往对商品是否适合自己的肤质有一定的疑问，在常态板块中规划美容护肤交流项目，不仅能有效地为消费者解决护肤问题，还能有效地提升店铺专业性的形象。在开始设计之前先将内容板块作一个规划，如图6-2所示。

（1）店招：Logo、店名、店铺宣传语、分享标识、搜索栏、店铺收藏标识。

（2）导航栏：所有分类、首页、促销专区、美容护肤、彩妆香水、美容护发、美妆工具、美妆顾问。

（3）店铺广告：促销活动广告。

（4）侧边栏：客服中心、商品分类、热销商品。

（5）商品展示区：掌柜推荐。

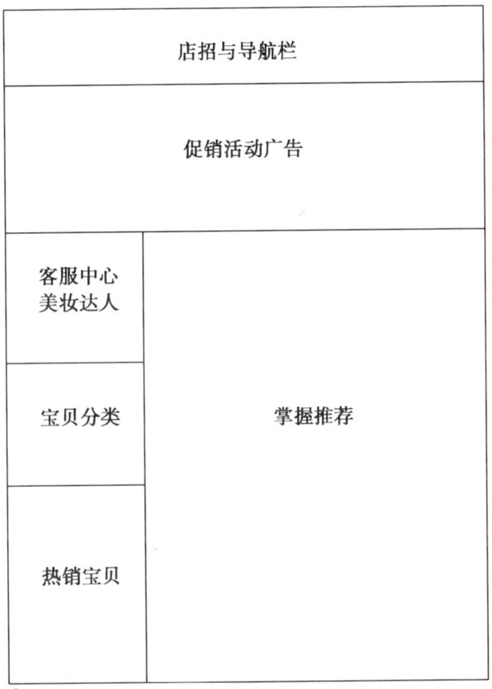

图 6-2　美容化妆网店装修规划

活动2　进行美容化妆网店装修色彩搭配

美容化妆品市场以女性消费者为主，在设计这类型的网店时，色调可以考虑迎合女性的大众审美和性格特征。色彩可以偏向于运用甜美、娇柔、舒适类的搭配，而暗淡深沉类的色彩搭配相对来说不太适合此类网站，如图6-3所示。

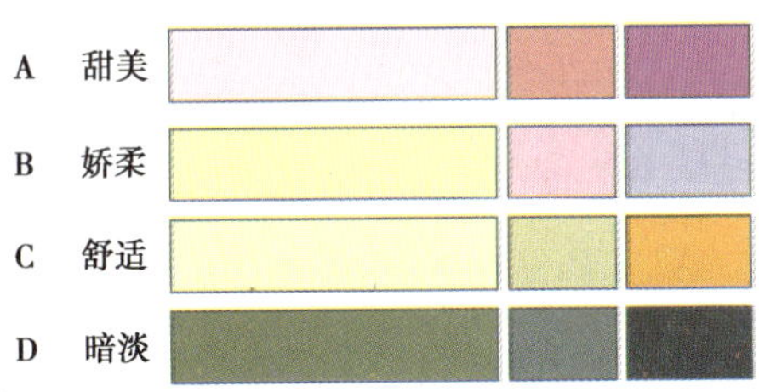

图 6-3　美容化妆网店色彩搭配建议

活动3　美容化妆网店设计制作

扫描下面的二维码，了解如图6-1所示的美容化妆网店制作步骤，并进行归纳总结。

____

____

____

做一做

1.请思考“商品详细描述”板块内还可以加入一些什么内容，以促进商品销售额的提高。

2.通过上面的学习，同学们对制作男性商品类网店的方法有了一定的了解，请运用上面的方法及元素为“她他美妆”设计制作一个全新的网店装修，并将设计好的网店放在课堂上进行展示。

想一想

同学们，回忆一下本任务中我们学习了哪些知识，可在小组内交流总结，然后把总结出的知识点写在下面的横线上。

____

____

____

____

[任务二]

NO.2

装修计算机数码类网店

◆ 任务描述

随着科技的不断发展，数码产品成为我们生活中不可缺少的一部分，在众多的网络店铺中，计算机数码类产品网店也成为比较有代表性的网络店铺。下面我们和小明一起来分析，装修计算机数码类网店时，需要注意哪些事项呢？如图6-4所示为计算机数码周边商品网店。

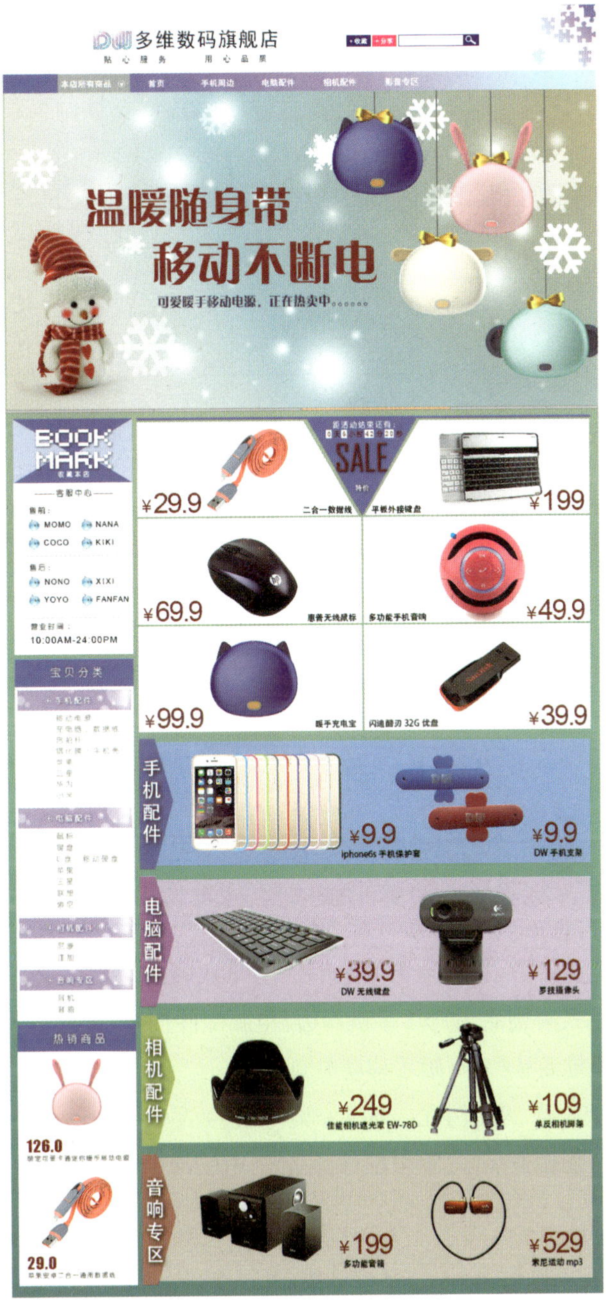

图 6-4　计算机数码类网店装修设计

活动1　计算机数码类网店版式及内容规划

计算机数码类网店的商品种类繁多，价格差距也相对比较大。考虑到这一特征我们规划版式的时候可以在商品展示区内也进行一个商品的分类展示，以方便顾客有指向性的购物。在开始设计之前先将内容板块作一个规划，如图6-5所示。

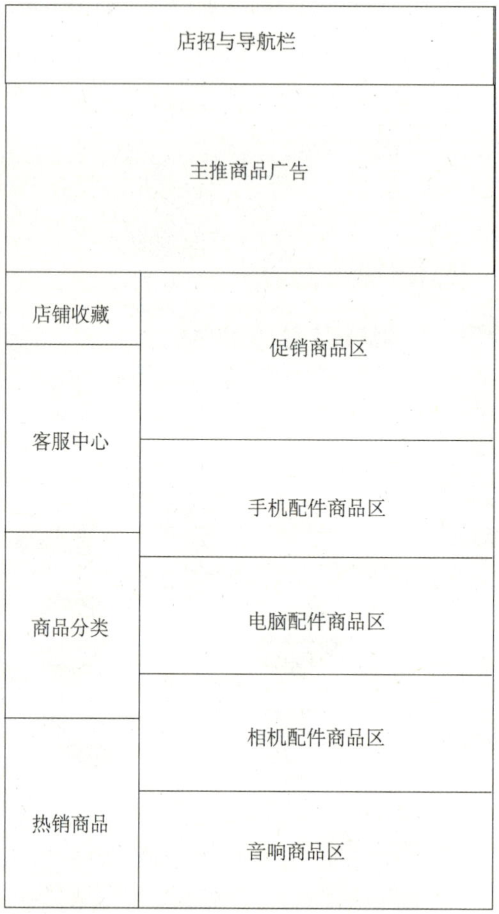

图 6-5　计算机数码类网店装修版式规划

①店招：Logo、店名、店铺宣传语、搜索栏、分享收藏按钮。

②导航栏：本店所有商品、首页、手机周边、电脑配件、相机配件、音响专区。

③店铺广告：主推商品广告（暖手移动电源）。

④侧边栏：店铺收藏、客服中心、商品分类、热销商品。

⑤商品展示区：促销商品区、手机配件商品区、电脑配件商品区、相机配件商品区、音响商品区。

活动2　进行计算机数码类网店色彩搭配

计算机数码类产品属于科技较强的商品，为了突出此类产品的现代感，在店铺颜色上可以选择蓝色系的科技色调，也可以选择灰色系的品位色调来进行设计。使用元素时可以参考简单几何体等具有稳重大方感的元素，尽量避免过多使用复杂花边元素，以突出商品、体现特色为主，如图6-6所示。

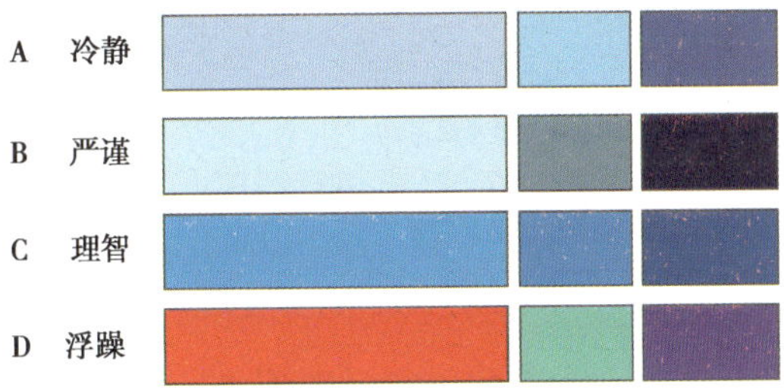

图 6-6　计算机数码类网店色彩搭配建议

活动3　计算机数码类网店设计制作

扫描下面的二维码，了解如图6-4所示的计算机数码类网店制作步骤，并进行归纳总结。

做一做

1.“店铺广告”区域一般为画面轮换窗口，请思考除了“主推商品海报”外，还能添加哪些内容。

2.有了上面的学习，同学们对制作计算机数码类网店的方法有了一定的了解，请运用上面的方法及元素为“多维数码旗舰店”设计一套全新的网店装修，并将设计好的网店放入论坛中进行展示。

想一想

同学们，回忆一下本任务中我们学习了哪些知识，可在小组内交流总结，然后把总结出的知识点写在下面的横线上。

[任务三]

NO.3

装修男性商品类网店

◆ 任务描述

男性商品类网店的消费群体非常有针对性，在设计风格上尽量符合男性大众审美的同时又要突出店铺特色。设计版块元素时，可采用相对硬线条的元素，体现男性的个性特征。本任务以“本色男士馆”网店为例，讲解男性商品类网店的设计思路，如图6-7所示。

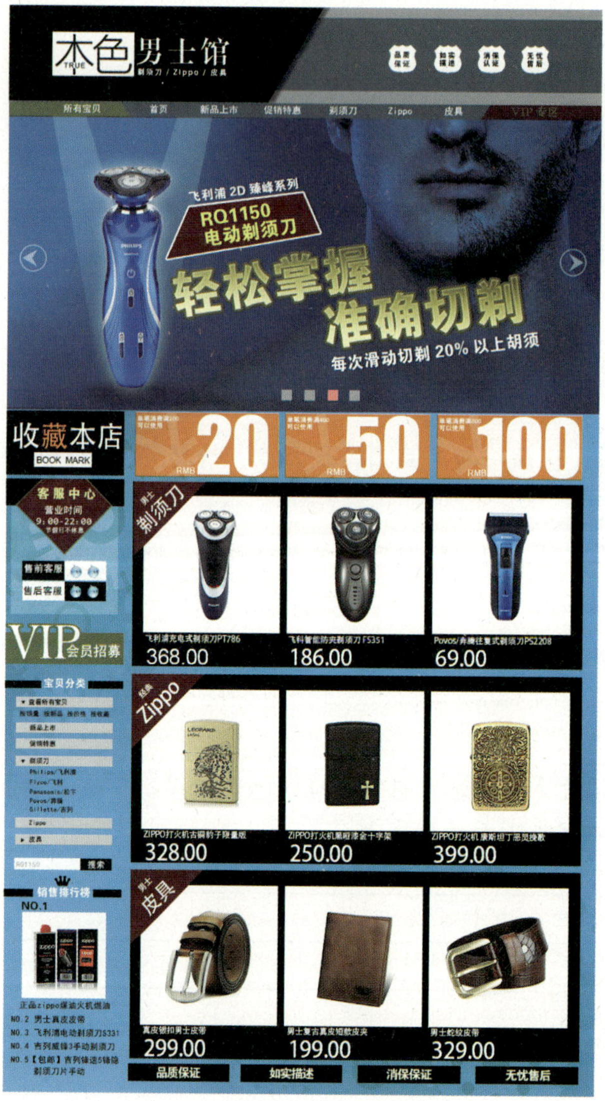

图 6-7　男性商品类网店装修设计

活动1　男性商品类网店版式及内容规划

一般男性给人以理性的感觉，女性给人以感性的感觉。市场调查表明，大多数男性在购物时目的性很强，他们一般会对自己所需要的商品进行选择性地购买，而不会像女性那样漫无目的地将购物过程作为一种消遣。所以在设计男性用品类网店时首先要考虑到版面的清爽、整洁，摒弃很多不必要的装饰物，以商品图片作为界面中的主角。在开始设计之前先将内容板块作一个规划：

①店招：Logo、店名、主营商品品类、购物承诺标识；

②导航栏：所有分类、首页、新品上市、商品分类、VIP专区；

③店铺广告：主推商品广告；

④侧边栏：客服中心、VIP招募、宝贝分类、销售排行榜；

⑤商品展示区：优惠现金券、商品分类展示。

具体的版面布局如图6-8所示。

图 6-8　男性商品类网店装修规划

活动2　男性商品类网店装修色彩搭配

在设计男性商品类网店时，可以运用一些稳重与活泼的颜色相搭配方式，如运动而富有活力的浅蓝色搭配沉稳的深灰、黑色等。也可以根据其售卖的商品特点来进行色彩的运用，如男性剃须刀可使用相对干净的色调，男士西装等比较正式的商品则可运用灰色、黑色等相对稳重的色调。通常给人以朴实、豪爽、坚定感觉的色彩搭配更适合男性商品类网店，而温婉感觉的色彩搭配则不太适合，如图6-9所示。

图 6-9　男性商品类网店色彩搭配建议

活动3　男性商品类网店设计制作

扫描下面的二维码，了解如图6-8所示的男性商品类网店制作步骤，并进行归纳总结。

____

____

____

做一做

通过上面的学习，同学们对制作男性商品类网店的方法有了一定的了解，请运用上面的方法及元素为“本色男士馆”设计制作一个全新的网店装修，并将设计好的网店放入论坛中进行展示。

想一想

同学们，回忆一下本任务中我们学习了哪些知识，可在小组内交流总结，然后把总结出的知识点写在下面的横线上。

____

____

____

____

[任务四]　NO.4

装修鞋类商品网店

◆ 任务描述

鞋类商品，消费群体为全年龄段，在风格上也是各式各样。网店在设计时要注意面向所针对的消费群体去进行设计。例如，潮流时尚运动鞋的销售群体大部分为学生或者年轻群体，在设计上可以紧贴时尚潮流；女士高跟鞋的消费群里为女性，在设计时就要注意迎合女性审美。总之，以能迎合并带动销售对象的审美为主。本任务以“回力运动鞋”网店为例，讲解鞋类网店的设计思路，如图6-10所示。

图 6-10　鞋类网店装修设计

活动1 鞋类网店版式及内容规划

本案例为运动鞋网店，消费群体以年轻人为主导，所以在板式设计时运用了削弱分区的思路，区域划分上没有明显的分界，以迎合年轻人活泼的性格。由于年轻人更热衷于追逐新品潮流，所以在导航栏可规划"新品上架"导航。在开始设计之前先将内容板块作一个规划，如图6-11所示。

①店招：Logo、店名、店铺承诺

②导航栏：所有分类、首页、新款上架、男款、女款、情侣款、儿童款、断码促销

③店铺广告：主推商品广告

④侧边栏：店铺收藏、客服中心、商品分类、搜索栏、爆款推荐

⑤商品展示区：现金券、宝贝推荐

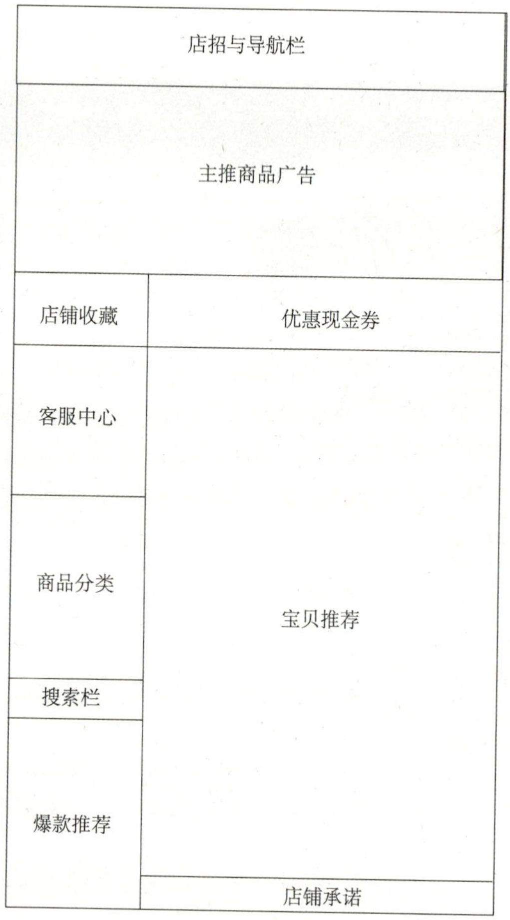

图 6-11 鞋类网店装修规划

活动2 鞋类网店装修色彩搭配

鞋类的色彩运用比较广泛，以本案为例，主打年轻消费群体的运动鞋，可以选择墨绿、

土黄等复古色彩元素，搭配喷溅的街头涂鸦风格。总的来说，运动鞋类网店装修在色彩上可以运用比较活泼、舒适、青春、冲动类型的搭配，如图6-12所示；女性类高跟鞋网店就可以参考任务一“化妆品类网店”选择运用甜美、娇柔、美妙类搭配；男性皮鞋网店可以参考任务三“男性商品类网店”运用朴实、豪爽、坚定感觉的色彩搭配。

图 6-12 运动鞋网店色彩搭配建议

活动3 鞋类网店设计制作

扫描下面的二维码，了解如图6-11所示的鞋类网店制作步骤，并进行归纳总结。

做一做

1. “现金券”是商家惯用的促销手段，请单独设计几个风格各异的现金券。

2.通过上面的学习，同学们对制作鞋类商品网店的方法有了一定的了解，请运用上面的方法及元素为“回力运动鞋”设计制作一个全新的网店装修，并将设计好的网店放入论坛中进行展示。

想一想

同学们，回忆一下本任务中我们学习了哪些知识，可在小组内交流总结，然后把总结出的知识点写在下面的横线上。

◆ 项目小结

通过本项目的学习我们掌握了美容化妆网店、计算机数码类网店、男性商品类网店、鞋类网店的基本制作方法，其他类型的网店的制作方法可以参照此设计。网店美工设计多种多样，但设计的宗旨只有一个，就是为了提升店铺形象，为店内商品销售服务。

◆ 项目检测

1.为“水润俏佳人”美容化妆网店设计一套店铺装修，要求颜色搭配合理，设计风格适合商品风格定位。

2.为“E时代”电脑配饰网店设计一套店铺装修，要求颜色搭配合理，设计风格适合商品风格定位。

3.为“家家乐”日用品网络超市设计一套店铺装修，要求颜色搭配合理，设计风格适合商品风格定位。

4.为“绅士”男士皮具网店设计一套店铺装修，要求颜色搭配合理，设计风格适合商品风格定位。

5.为“璀璨星光”饰品网店设计一套店铺装修，要求颜色搭配合理，设计风格适合商品风格定位。

6.为“童乐趣”儿童书包网店设计一套店铺装修，要求颜色搭配合理，设计风格适合商品风格定位。

7.为“潮生活”潮鞋店设计一套店铺装修，要求颜色搭配合理，设计风格适合商品风格定位。

8.为“小宠E乐园”宠物食品店设计一套店铺装修，要求颜色搭配合理，设计风格适合商品风格定位。

◆ 项目评价

评价内容	评价情况		
	掌　握	基本掌握	没有掌握
装修美容化妆网店的基本制作方法			
装修计算机数码类网店的基本制作方法			
装修男性商品类网店的基本制作方法			
装修鞋类网店的基本制作方法			

参考文献

[1] 宋文官.电子商务概论[M].北京：清华大学出版社，2007.

[2] 徐飞.网上开店创业手册[M].北京：清华大学出版社，2006.

[3] 伟雅.淘宝网淘金成功案例[M]. 北京：中国宇航出版社，2006.

[4] 卢坚.淘宝店铺装修与促销设计宝典[M].北京：人民邮电出版社，2012.

[5] 淘宝大学.网店美工实操[M].北京：电子工业出版社，2013.